Ausführliche Informationen über
unsere Autoren und Bücher
finden Sie auf unserer Website
www.dtv.de

Cem Gülay
Helmut Kuhn

Kein Döner Land

Kurze Interviews mit fiesen Migranten

Deutscher Taschenbuch Verlag

Von Cem Gülay und Helmut Kuhn im Deutschen
Taschenbuch Verlag: Türken-Sam (34769)

Originalausgabe 2012
© 2012 Deutscher Taschenbuch Verlag GmbH & Co. KG,
München
Abdruck der Zeitungsartikel auf S. 79 f. und S. 166 f. mit freundlicher
Genehmigung von ›Allgemeine Zeitung der Rhein-Main-Presse‹ und
›Tagesspiegel‹
Das Werk ist urheberrechtlich geschützt. Sämtliche,
auch auszugsweise Verwertungen bleiben vorbehalten.
Umschlagkonzept: Balk & Brumshagen
Satz: Greiner & Reichel, Köln
Druck und Bindung: Kösel, Krugzell
Gedruckt auf säurefreiem, chlorfrei gebleichtem Papier
Printed in Germany
ISBN 978-3-423-24952-2

Inhalt

»Döner-Morde«: Warum?

Es ist ungefähr so, als wären zehn Deutsche im Londoner East End über die Klinge gesprungen und die englische ›Sun‹ titelte: »Die Opfer-Krauts«. Oder nehmen wir an, zehn deutsche Touristen würden in Antalya ermordet, und die zuständige Kommissariatseinheit hieße: »Soko Kartoffelmorde«. Die französische ›Le Monde‹ schriebe: »Les Nanas Nazi – zehn deutsche Au-pair-Mädchen erwürgt.« Und wenn in Neukölln der nächste Deutsche ins Gras beißt, wird der türkische Täter mit folgender Zeile zitiert: »Hab isch Kartoffelmus gemacht.«
Geht's noch?

Andererseits ist der Döner tatsächlich so etwas wie ein Synonym für deutsche Türken, denn er stammt ja nicht aus der Türkei, sondern wurde genuin in Berlin-Kreuzberg geboren. Er ist wie wir, und er ist aus diesem Land nicht mehr wegzudenken.
In allen Städten, in denen ich war, gibt es Döner-Läden. Ich bin landauf und landab gereist, ich habe nette kleine Dörfchen und Altstädtchen gesehen, Fachwerkfassaden und jahrhundertealte Stadtbilder, und darin immer einen oder mehrere Döner-Läden entdeckt.
Man kann sagen: Deutschland ist dönerisiert. Istanbul-Döner in Wittlich? Döner-Station in Erbach? Dönerland in Bingen? Irgendwie passt er da aber nicht hinein. Irgendwie zerstört der Döner-Laden in der Marburger Altstadt dieses liebliche Bild. Er ist und bleibt ein Fremdkörper. Meist befindet er sich direkt neben einer Spielhalle, die noch weniger dorthin passt. Das wirkt wie ein Windpark im Naturschutz-

gebiet Lüneburger Heide, eine Currywurst-Station vor der Hagia Sofia oder Eisbein und Sauerkraut in Trabzon am Schwarzen Meer.

Döner-Land

Der Döner-Laden hat sich in diesem Land verbreitet wie eine gemeine Flechte, und sie zeigt die seltsamsten Auswüchse. Ein Freund von mir erfand in Hamburg den Fisch-Döner. Er brachte es seinerzeit mit dem Fisch-Döner über Nacht zu lokaler Größe. Dergestalt erfolgreich geworden, kreierte er mit seinem Geschäftspartner in Hamburg die sogenannten Krall-Partys. Das waren Partys, die vor allem von türkischen und kurdischen Einwanderern gut besucht und bald bundesweit in ähnlicher Art gefeiert wurden, da die Türken ja zu dieser Zeit in die meisten Diskotheken nicht hineingelassen wurden. Also veranstaltete man eigene VIP-Partys, bei denen die halbstarken Jugendlichen aber genauso wenig Einlass fanden wie in die Diskos der Bio-Deutschen.

Es herrschte zum Beispiel Damen-Zwang, und die Musik war rein türkisch. Dort sah man im VIP-Bereich an fast allen Abenden die Honoratioren der großen Döner-Produzenten. Es gab (und gibt) eine regelrechte Döner-Society, eine »Döneria«, eine illustre Gesellschaft meist älterer Herren, die sehr oft des Deutschen wenig mächtig sind, aber schon mal einige Fünf-Sterne-Hotels in Antalya besitzen. Damals habe ich meinen Freund belächelt. Aber wär ich doch bloß auch auf den Döner gekommen.

Natürlich gab es den einen oder anderen Döner-Krieg. Ich kannte einen Döner-Laden in der Nähe der Hamburger Uni am Dammtor. Dieser Laden lief derart bombastisch, dass gleich drei oder vier Döner-Läden in direkter Nachbarschaft eröffneten. Sofort brach ein erbitterter Preiskrieg aus, bis der Döner an der Uni sagenhafte 99 Cents kostete. Einen ähnlichen Preiskrieg kennen wir auch aus Berlin.

Im Zuge der Dönerisierung Deutschlands kam es schon mal zu Schlägereien, Messerstechereien, Schießereien und, schlimmer noch, ganzen Familienfehden. Natürlich war ein Döner-Laden-Besitzer nicht glücklich darüber, wenn ihm ein anderer direkt nebenan oder vis-à-vis Konkurrenz machte. Heute halten sich die meisten Döner-Läden mehr mit Spielautomaten denn mit Fleischtaschen über Wasser. Viele sind international geworden und haben ihr Sortiment erweitert. Sie braten Currywürste, backen Pizzen und verbünden sich mit Chinesen, die Chop Suey über denselben Tresen schieben. Nicht zuletzt ist der Döner heute auch ein Export-Schlager im Range von BMW oder Microsoft. Von Berlin-Kreuzberg trat der Döner seinen Siegeszug an.

Nicht nur Deutschland, ganz Europa ist dönerisiert. Es gibt Döner in Spanien, Italien, der Schweiz, Österreich, Holland, auf Ibiza und in England. Der Döner ist derzeit im Ostblock auf dem Vormarsch, und es wird nicht lange dauern, bis er den Ural überschreitet und in Sibirien wie in den mongolischen Republiken Fuß fasst.

Mein anatolisches Herz schlägt schneller, wenn ich mir überlege, dass die ursprüngliche Form der Fleischtasche, die griechische Schweinefleisch-Pita, praktisch am Aussterben ist. Wieder mussten die Griechen eine empfindliche Niederlage hinnehmen. Langsam tun sie mir leid.

Hierzulande hängen inzwischen Hunderttausende Arbeitsplätze und ganze Communities am Dönerspieß. Abertausende Familien hängen davon ab. Als der Gammeldönerfleischskandal hochkochte, musste man um Deutschland bangen. Ich bin mir nicht sicher, ob der eine oder andere Chefredakteur nicht von der Kanzlerin persönlich um ein Einsehen gebeten wurde. Hätte sich der Skandal noch länger hingezogen, wären womöglich die Staatsfinanzen ob der zu erwartenden Mehrausgaben im Sozialbereich zusammengebrochen.

Im Zuge dieses Skandals schlossen sich unter dem Stichwort »Döner-Konferenz« allerlei Produzenten, Lieferanten und Ketten zu einem Konsortium zusammen, das fürderhin Preise, Qualität, Handel sowie innovative Ideen koordinieren sollte. Leider ziehen nicht immer alle in diesem Konsortium am selben Strang, was dessen Handlungsfähigkeit ein wenig einschränkt. Aber schließlich sind sie alle Teil der bundesweiten Bussi-Bussi-Döneria.

Ich persönlich erinnere mich gern an das Fernsehbild, als Angela Merkel auf einem Staatsbesuch bei Ministerpräsident Tayip Erdogan herzhaft in einen gesunden Döner biss, und meiner bescheidenen Meinung nach sollte der gewissenhafte Konsument wenigstens 3,50 Euro für einen guten Döner lockermachen.

Eigentlich müsste er fünf Euro kosten, will man nicht nur gute Qualität, sondern auch einen ethnisch fairen Handel erwarten. Wie in Afrika. Dort hat ein deutscher Journalist des ›Stern‹ in Mbuyi-Maji in Zaire schon mal 243 Dollar für zwei Hähnchenschenkel gezahlt, wovon der 100-Kilo-Mann nicht mal satt wurde.

Aber nun gut. So sind die Preise in Krisengebieten, und es ist besser, zu zahlen, als umgelegt zu werden. Und so grundsätzlich unterschiedlich ist das gar nicht. Mbuyi-Maji und die eine oder andere Ecke in Deutschland, zum Beispiel.

Karneval der Kulturen

Ich bin in Hamburg geboren und habe mein Leben größtenteils in Deutschland verbracht. Darüber hatte ich zusammen mit Helmut Kuhn ein Buch geschrieben. Titel ›Türken-Sam. Eine deutsche Gangsterkarriere‹. Der erste autobiografische Bericht aus der Lebenswelt der jungen männlichen Migranten und die Geschichte eines Gangsters, der den Ausstieg geschafft hatte. Wie der Verlag so hübsch sagte. Normalerweise organisiert der Verlag dem Autor auch die Lesereise, wenn sein neues Buch erscheint. In diesem Fall war es anders. Ich habe landauf und landab gelesen, aber ich habe mir meine Lesungen selbst organisiert. Nein, nicht mal das. Sie haben sich ergeben. Sabina Riegger aus Füssen im bayerischen Allgäu hatte mein Buch gelesen und sich an den Verlag gewandt. Sie wollte mich für das Festival »Kulturbunt« einladen.

Ins Allgäu? Was wollten denn die Lederhosenbayern von mir? Ich hatte mit allem gerechnet – Berlin, Frankfurt, Ruhr, aber das Allgäu?

Ich flog nach München zu einem Freund. Von dort fuhren wir mit dem Auto ins Allgäu. Das ist eine schöne Landschaft. König Ludwigs Märchenschloss Neuschwanstein war nicht weit, und das haben wir uns tatsächlich angesehen. Weltklasse. Ich liebe Schlösser und Burgen. Wir sind dorthin gewandert und sind mit der Kutsche zurückgefahren nach Füssen. Es liefen auch gar keine Leute in Lederhosen rum. Ich habe sogar ein paar Migranten gesehen, allerdings keine Jungs mit Alphajacken. Ich wusste also gar nicht, was sie dort in Füssen von mir wollten.

Das Festival dauerte zwei Tage. Auf einem großen Parkplatz in der Innenstadt hatte man ein paar Zelte errichtet. Frau Riegger war sehr nett. Sie stammte aus Bosnien und lebte in einer »interkulturellen Beziehung«, wie sie das nannte. Ihr Sohn war Polizist in Füssen. Sie hatte folkloristische Einlagen der verschiedensten Tanz- und Musikgruppen organisiert. Da waren Albaner und Aramäer, Italiener, die ihre Fahnen schwangen, chinesische Tänzer und sogar mexikanische Mariachi. Mitten im Allgäu, das ich bisher vor allem mit Kühen und Schokolade in Verbindung gebracht hatte. Ich musste mich doch sehr wundern.

Ein Riesenaufwand. Sie tanzten, bimmelten und sangen in den wildesten Outfits. Ein kunterbunter Karneval der Kulturen beinahe wie in Berlin-Kreuzberg. Aber stell dir vor, es ist Karneval – und niemand geht hin. Das Fest war ein völliger Flop. Weil es beide Seiten offenbar nicht interessierte – weder die Einheimischen noch die Migranten. In den riesigen Zelten tanzten die Folkloregruppen vor fünf Zuschauern. Obwohl es ja kein Muslimfest war und es reichlich Bier gab. Die Gleichgültigkeit der Bevölkerung gegenüber diesem bunten Treiben war kaum zu übertreffen.

Trotz besten Wetters kamen an beiden Tagen gerade mal zweihundert Besucher aus einem Einzugsgebiet mit rund 40 000 Einwohnern. Keine Familien mit Kindern, nichts. Auch von den türkischen Bewohnern keine Spur. Immerhin 14 000 Euro hatten die Organisatoren in das Festival investiert, von der wochenlangen Arbeit ganz zu schweigen. Sabina Riegger war die Enttäuschung im Gesicht abzulesen. Das habe sie nicht erwartet, sagte sie. Bei meiner Lesung waren gerade dreißig Leute da. Ich war einer der Letzten, die auf dieser Veranstaltung auftraten. Die Hälfte des Publikums bestand aus Helfern und Organisatoren.

Ich habe versucht, Frau Riegger zu trösten, so gut es ging. Am Abend gingen wir in ein paar Kneipen und eine Diskothek. Die Läden waren brechend voll. Dort sah ich sie, die jungen Albaner, Türken und Italiener, und sie blieben in kleinen Grüppchen unter sich. Ich verzichtete auf ein Honorar und verbuchte die Reise als ethnische Studienfahrt.

Die totale Segregation

In Berlin fand die Buchpremiere von ›Türken-Sam‹ im BKA-Theater in Kreuzberg statt. Das ist ein Veranstaltungsort, an dem sonst Stand-up-Comedians auftreten, Theaterstücke aufgeführt werden und Bands spielen. Der Name des Theaters weckte unangenehme Erinnerungen in mir, aber die Lesung im Literarischen Salon Britta Gansebohm, die in diesem Theater stattfand, war ein voller Erfolg. Immerhin fanden sich in der Problemhauptstadt mit 3,4 Millionen Einwohnern und einem Migrantenanteil von rund 25 Prozent stolze 70 Gäste ein. Ich las gemeinsam mit meinem Ko-Autor. Mit Britta Gansebohm und meiner Cousine Bilkay Öney stellten wir uns den Fragen der Zuhörer.

Im Anschluss daran sprach mich ein Anwalt an, Stefan Rusche. Er erzählte mir von seiner Schwiegermutter, die in Hungen bei Gießen wohne. Sie kümmere sich seit fast 40 Jahren um Einwanderer in ihrer Region und tue das mit 75 Jahren immer noch. Er wolle ihr das Buch zukommen lassen. Ich gab ihm meine Telefonnummer.

Zwei Wochen später meldete sich besagte Schwiegermutter, Renate Hampel. Ob ich Lust hätte, nach Hungen zu kommen? Sie würde dort einige Lesungen und eine Abendveranstaltung organisieren. Innerhalb von weiteren vier Wochen hatte sie tatsächlich vier Veranstaltungen auf die Beine gestellt. Ich war total baff. Aber ich sollte sie ja noch kennenlernen.

Nach der Lesung bei Britta Gansebohm kam auch ein asiatischer Mann auf mich zu und stellte sich als Prime Lee vor. Er war im Wedding aufgewachsen und hatte Abitur gemacht. Inzwischen Mitte dreißig, war er mit einer

Werbeagentur recht erfolgreich und stellte in eigener Regie erschwingliche Designermöbel aus einfachen Materialien her. Er sagte, er wolle der Gesellschaft etwas zurückgeben. So hatte er eine Initiative gegründet, die sich Schooltalk nannte.

Ich fand den Mann cool. Solche Leute hatte ich in Hamburg kaum gekannt. Unternehmer, die sich ehrenamtlich für Jugendliche in den Problemvierteln einsetzten. Das interessierte mich. Es gibt diese Leute, und sie sind wirklich mit dem Herzen dabei. Das ist ein Unterschied zu Migranten, die gut bezahlt in irgendeinem politischen Ausschuss sitzen und lediglich Steuergelder verteilen.

Was er tat, gab mir sehr zu denken. Bis dahin hatte ich eigentlich Folgendes im Kopf: Sollte sich das Buch gut verkaufen, vielleicht sogar verfilmt werden, gehe ich mit der Kohle weg aus Deutschland. Prime Lee brachte mich darauf, dass ich auch noch etwas anderes daraus machen könnte. Wir tauschten unsere Nummern aus und ich wollte mir das Projekt an den Schulen ansehen. Er lud mich ein, an der Ernst-Reuter-Gesamtschule in Wedding mit den Jugendlichen zu diskutieren.

In einem großen Veranstaltungsraum saßen rund 100 Schüler. Der Anblick war ein Schock. Ich dachte, ich bin in einer Schule im tiefsten Anatolien gelandet. Ich sah nur Schwarzköpfe. Außer den Lehrern war kein einziger Mensch ohne Migrationshintergrund anwesend. So etwas hatte es zu meiner Schulzeit nicht gegeben: Türken und Araber waren immer in der Minderheit gewesen. Das hier war eine Schule in einem Apartheidsystem südafrikanischer Prägung. Die totale Segregation. Mir taten auch die Lehrer leid.

Noch erschreckender aber war etwas anderes. Nur vier Prozent dieser Schüler würden, so sagten die Schulleiter selbst, einen Ausbildungsplatz bekommen. Das heißt, vier von diesen 100 Schülern. Und was wird aus den anderen?

Was machen die? Die können doch nicht alle einfach dumm sein? Rechnet man das auf Deutschland und die nächsten Jahre hoch – das kann doch nicht sein? Das ist fatal, das Armutszeugnis für eine derart reiche und intelligente Gesellschaft, wie wir es sind!

Nächste Frage: Wie viele von diesen vier Schülern werden die Ausbildung auch abschließen? Wie viele werden übernommen und wie viele können davon leben und eine Familie ernähren? Wie sollen diese 100 Schüler insgesamt einen vernünftigen Beitrag für die Gesellschaft leisten? Die Parallelgesellschaften platzen ohnehin aus den Nähten. Noch mehr Arbeitslose können die Migranten-Communities einfach nicht mehr auffangen. Warum also pfercht man die Migranten derart zusammen, wenn man schon von vorherein weiß, dass fast alle chancenlos bleiben?

Dazu habe ich in der ›Kleinen Zeitung‹ vom Mai 2011, die in der Steiermark erscheint, eine interessante Studie gefunden – nicht etwa zu Deutschland, sondern zu Österreich. Der Österreichische Integrationsfonds führte zum Thema »Integration im Klassenzimmer« in sieben Bundesländern Befragungen unter 761 Schülern der siebten und achten Klasse durch. Das Ergebnis: »*Ab einem Zuwandereranteil von mehr als 35 Prozent kann das Klima in der Klasse kippen. Die Probleme nehmen zu. Die Diskussionen, oft mit populistischem Unterton, basieren nicht mehr auf Fakten.*«

Gleichzeitig fanden die Ösis heraus: »*Gibt es nur ganz wenige Migranten, ist das Klima auch nicht besser.*« Am vorteilhaftesten seien Klassen mit einem Migrationshintergrund von 16 bis 35 Prozent. Zwar sei es nicht automatisch so, dass bei einem hohen Anteil an Migranten ein schlechteres Klima herrsche. »*Doch in Einzelbereichen wie Gewalt und Mobbing gibt es schon Unterschiede*« – Gewalt und Mobbing würden zunehmen.

Es geht also offenbar nicht mit zu wenigen, aber auch nicht mit zu vielen. Bleibt noch die totale Trennung, was

17

in diesem Land ja wiederum nicht zu wenige für durchaus wünschenswert erachten. Was passiert dann? Warum kann man das nicht vernünftig regeln? In Italien beispielsweise gibt es bereits ein Gesetz, dass keine Schulklasse einen höheren Migrantenanteil als 35 Prozent aufweisen darf.

Na bitte.

100 Schwarzköpfe also in der Aula, und sie wollen, dass ich ihnen irgendetwas sage. Prime Lee war schon da. Die Veranstaltung wurde vom Radio RBB aufgenommen. Es war das erste Mal, dass ich in einer Schule auftrat. Da kann einem schon klar werden: Du musst die richtigen Worte finden.

Als Alevite weiß ich, dass es auch unter den türkischen Schülern große kulturelle Unterschiede gibt. Es gibt Sunniten, Kurden, türkische und kurdische Aleviten, Jesiden, Aramäer, griechische und arabische Türken, Schiiten, türkische Juden. Es gibt welche, deren Väter sich den Grauen Wölfen zugehörig fühlen, der rechtsextremen, nationalistischen türkischen Partei, und so weiter und so fort. Wie ich im Lauf der Zeit herausfand, kommt die Frage nach meiner eigenen Herkunft in der Regel sofort. Ich musste diesen Jugendlichen von Anfang an klar machen, dass sie für mich alle gleich sind. »Ich beurteile euch nicht nach eurer Herkunft, Religion, Geschlecht oder sexuellen Neigung, sondern nur nach eurem Verhalten«, begann ich, ziemlich hölzern.

Wenn ich oberlehrermäßig anfange, ihnen Geschichten darüber zu erzählen, wie das Leben funktioniert, dann habe ich schon verloren. Ich bin nicht der Vater und nicht der Onkel. Alle kennen genug Leute in ihrem Umfeld, die im Knast waren oder kriminell sind. Auch da habe ich nichts Neues zu bieten, und jeder hat seine eigenen Alltagsprobleme.

Ich sage also einfach: »Es gibt drei Türen im Leben. Es gibt die Tür der Bildung, die Tür der Kriminalität und Gewalt, und es gibt eine Tür, auf der steht Hartz IV. Die zweite

Tür kenne ich, die kann ich nicht empfehlen, und sagt später bitte nicht, es hätte euch niemand gewarnt. Hartz IV kann man sich zumindest vorstellen. Bleibt also eigentlich nur eine Tür. Bildung. Das ist zwar nicht leicht, aber diese neun oder dreizehn Jahre sind entscheidend für den Rest eures Lebens. So einfach ist das.« Das kam an.

Ich habe noch oft in Schulen gelesen, landauf und landab. Ich will mich nicht wiederholen und picke die interessantesten Begegnungen heraus. Interessant an diesem ersten Tag war für mich die Wahrnehmung, dass sich unter diesen ganzen Schwarzköpfen kaum Mädchen mit Kopftüchern befanden. Und ich hatte definitiv eine Erkenntnis: Ich will mich einmischen. Ich will euch aufmischen. Ich will mitreden. Ich will mich gegen diese Apartheid wehren. Scheiß auf die Kohle. Scheiß aufs Ausland. So darf es nicht weitergehen.

Aber ich will in diesem Buch vor allem andere reden lassen. Was mich selbst angeht, habe ich in ›Türken-Sam‹ genug vom Leder gezogen. Ich habe seither viele Dinge beobachtet. Ich bin ziemlich viel herumgereist und habe immer wieder aus dem Buch erzählt, vor allem aber habe ich zugehört. Ich fange mal von vorne an.

Kurze Interviews mit fiesen Migranten

Bevor diese Erkenntnisse kamen, hatte ich weitere ganz neue Erfahrungen zu machen. Das St.-Pauli-Theater war ausverkauft. 600 Menschen, bis zum letzten Platz. Mitten auf dem Hamburger Kiez, auf der Reeperbahn neben der berühmten Davidwache. Ich dachte. Mann, wer es hierher geschafft hat, der hat es zu etwas gebracht. Wie am Broadway leuchte es draußen rot über dem Theater auf: TÜRKEN-SAM, heute Lesung mit Cem Gülay und Mehmet Kurtulus. Der türkisch-stämmige Schauspieler, der als Tatort-Kommissar Cenk Batu bekannt war, würde aus meinem Buch lesen. Das Fernsehen war da, deutsche wie türkische Journalisten, vor dem Theater hatte sich eine Schlange gebildet.

Ich war mehr als nervös. Ich sollte vor so vielen Menschen auftreten. Auch wenn ich nicht selbst lesen musste, so würde es anschließend eine Diskussion mit mir geben. Ich war auch deshalb nervös, weil ich am Morgen einen Anruf bekommen hatte. Würde ich heute auf offener Bühne angegriffen werden? Es hatte sich einiges ereignet an diesem Tag.

Am Morgen hatte die ›Hamburger Morgenpost‹ getitelt: »Ich war eine Bestie«. Darunter ein Foto von mir, böser Blick, Dreitagebart. Es war ein Interview, das ich dem damaligen Polizeireporter gegeben hatte, einem Mann, der seit 20 Jahren über den Kiez berichtete. Der Titel war aus dem Zusammenhang gerissen. Ich hatte gesagt, dass ich in meiner Gangsterzeit einige Schlägereien zu bestehen hatte, in deren Verlauf ich durchaus zur Bestie werden konnte.

Aber das war nicht einmal das Schlimmste. Denn zwischen den Zeilen des Artikels klang an, ich sei eine Kiez-

Größe gewesen und so etwas wie ein Verräter der Szene. Einige tatsächliche Kiez-Größen konnten nun annehmen, in diesem Buch ihren detaillierten Lebenslauf wiederzufinden.

Vielleicht, dachte ich, hatten an diesem Abend deshalb so viele Leute den Weg ins Theater gefunden: Warteten sie auf den Showdown?

Nichts dergleichen stimmte. Und nichts davon stand in meinem Buch. Aber die klug platzierte Titelseite hatte gezogen. Ich hatte mich geärgert, dass ich mich so hatte reinlegen lassen. Schon am Morgen rief mich ein ehemaliger Kumpel an. Er habe mehrere sehr erregte Anrufe bekommen, warum ich denn so etwas erzähle und ob ich jetzt völlig durchgedreht sei. Im Verlauf des Tages bekam ich selbst einige Nachrichten auf mein Handy. Beleidigungen, Drohungen.

So was.

Natürlich wusste noch niemand, was wirklich in dem Buch stand. Ich konnte verstehen, dass sich manche Leute Sorgen machten. Im Publikum saßen einige alte Freunde. Ich sah dort meinen ehemaligen Anwalt, meine Familie, meine Brüder, meine Cousinen. Als ich hinter dem großen Vorhang stand, war das aber alles irgendwie unwirklich. Klar. Wenn ich jetzt auf der Bühne des St.-Pauli-Theaters vor laufenden Kameras erschossen wurde, war das für das Buch das Beste, das ihm passieren konnte. Aber solche Dinge wurden in Hamburg noch nie auf derart martialische Weise geregelt. So dumm war wirklich niemand. So brutal waren diese Leute auch nie gewesen, und es hätte mir zudem auch keiner gegönnt, dass das Buch dadurch posthum zum Renner wird.

Ich wusste, dass mir nichts passieren würde. Aber ich hatte mich mit allen tatsächlich angelegt, schoss es mir durch den Kopf. Ich habe ein paar unangenehme Wahrheiten angesprochen. Ich wollte eine sehr persönliche Geschichte der missglückten Integration der türkischen Migranten in

Deutschland schreiben und gleichzeitig einen Weg aufzeigen, wie man aus dem Schlamassel einer einmal eingeschlagenen Verbrecherlaufbahn wieder herauskam. Ich dachte, beides sei mir gelungen. Und plötzlich steckte ich bis zum Hals in Schwierigkeiten.

Der Vorhang ging auf. Mehmet las schnell, und er las unheimlich lange. Ich dachte: Wer soll sich das Buch denn jetzt noch kaufen? Meine Lektorin wollte wissen, warum ich das Buch geschrieben hatte. Sie stellte einige Fragen, und ich antwortete kurz, weil die Leute ja schon rund zwei Stunden Lesung auf dem Buckel hatten. Die Podiumsdiskussion war dementsprechend rasch beendet. Es gab einen ziemlichen Applaus, und hinterher erfuhr ich, dass meine Mutter in Ohnmacht gefallen war.

Es war aber nur eine kleine Kreislaufschwäche gewesen, meine Cousinen hatten sie bald wieder auf den Beinen. Ja. Warum hatte ich dieses Buch geschrieben? Ich erinnerte mich an einen Satz, den eine Journalistin in der Berliner Zeitung geschrieben hatte:»Dieses Buch ist die Geschichte einer Kränkung.« Das stimmt. Und das ist etwas völlig anderes, als ein »Opfer« zu sein. Entscheidend war doch: Diese Kränkung habe nicht nur ich erlebt. Eigentlich hatte ich das Buch für alle in diesem Land geschrieben, die in den letzten 30 Jahren gekränkt oder gar körperlich verletzt worden waren – aufseiten der »Migrus« wie der »Bio-Deutschen«, wie die beiden Gruppen heute gern genannt werden.

Gleich nach der Diskussion umlagerten mich die türkischen Journalisten. Sie drängelten wie auf dem Bazar, und man musste befürchten, dass Leute zu Schaden kamen. Die deutschen Journalisten hielten sich dagegen höflich zurück. Ich musste auf Türkisch antworten, und das setzte mich unter einigen Stress, weil ich das Türkisch eines Achtjährigen spreche und alle gleichzeitig fragten. Später stand dann in einer türkischen Zeitung zu lesen:»Cem Gülay hat Deutschland aufgemischt.« Die Schlagzeile erschien in Istanbul wie in der kurdischen Osttürkei. Das fand ich irgendwie lustig.

Im weiteren Verlauf saßen wir alle oben im Foyer in der Bar zu einer kleinen Party, die der Verlag ausgerichtet hatte. Meine Freunde und meine Familie waren sehr stolz auf mich. Mehmet Kurtulus hielt sich zurück, um nicht zu sehr im Vordergrund zu stehen. Schließlich war er sehr populär und hatte einen Schlag bei den Frauen. Es wurden Fotos gemacht, hauptsächlich von Mehmet. Am Vorabend war ich noch bei Mehmet zum Abendessen eingeladen gewesen. Eine prominente Freundin von ihm erzählte dabei, dass sie schon mit fünfzehn durch ganz Afrika gereist war, ohne je Angst zu haben, aber gerade in Hamburg an der vornehmen Rothenbaumchaussee, unweit des ehemaligen Kerner-Studios, habe sie ein schlimmes Erlebnis gehabt: Auf einem Parkplatz sprangen sechs jugendliche Migranten aus mehreren Autos heraus und umzingelten sie im Halbdunkel. Sie kreisten sie ein und machten anzügliche Bemerkungen. Kurzerhand habe sie sich durch die Jungen hindurchgedrängelt und sei entkommen. »Niemals hatte ich eine solche Angst«, meinte sie. Mehmet wusste gar nicht, was er dazu sagen sollte. Sie wollte mir wohl damit sagen, dass es in Deutschland tatsächlich Probleme gibt, dass durchaus Angst auf den Straßen herrscht.

Im St.-Pauli-Theater blieb der Abend jedenfalls friedlich. Ich wurde von einem Grüppchen zum anderen gereicht. RTL war auch zu Mehmets Lesung gekommen. Ich verabredete mich mit Düzen Tekkal von RTL-Extra für ein Interview am nächsten Tag. Mama ging es wieder gut. Sie genoss den Abend. Wir fuhren später zu ihr nach Hause. Ich wohne noch heute bei meiner Mutter, wenn ich in Hamburg bin. Vor dem Haus drehte ich mich doch noch einmal um. Aber da war niemand.

Auf einmal geht es in Bonn total ab

Wir drehten am Hamburger Hafen. Düzen Tekkal ist Kurdin, eines von acht Geschwistern. Sie wuchs in einem kleinen Dorf bei Hannover auf. Sie ist eine junge, kosmopolitisch denkende Frau. Sie hatte das Buch noch nicht gelesen, und wir kamen in den Gesprächen dann schnell von der Gangstergeschichte ab. »Es brennt in Deutschland«, sagte ich, »es ist kurz vor zwölf.«

»Meinst du?«, fragte sie.

Es gibt in den deutschen Städten sehr viele Migrantenviertel, die oft nur einen Straßenzug entfernt sind von Stadtteilen, in denen die Mittelklasse und die Oberschicht wohnen. In diesen Vierteln herrschen hohe Arbeitslosigkeit, Gewalt und Perspektivlosigkeit, und es ist nur eine Frage der Zeit, bis das zu großen Problemen führt, vielleicht noch größeren, als wir sie ohnehin schon haben.

Düzen hörte mir erstaunt zu. Das habe sie so noch nicht wahrgenommen, sagte sie. In ihrem Dorf habe sie diese Perspektivlosigkeit nie gespürt, und in ihrer Familie gab es offenbar auch keine Problemfälle. Alle Brüder und Schwestern seien erfolgreich in ihren Berufen. Selbst als Journalistin habe sie noch nie jemanden derart radikale Thesen von sich geben hören, sagte sie.

Nachdem sie ihre Aufnahmen abgedreht hatte und nach Köln zurückgekehrt war, rief sie mich in Berlin an. Eigentlich sollte der Beitrag 15 Minuten lang sein, aber die Redaktion hatte beschlossen, 30 Minuten zu senden. Wir mussten also noch mal nachdrehen. Einige Tage später rief sie aus Bad Godesberg an. Sie klang plötzlich recht aufgeregt.

»Cem, du hast völlig recht. Hier geht es total ab«, sagte Düzen.

Was war passiert? Ganz einfach. Mit dem Umzug der Regierung nach Berlin hat sich Bonn natürlich verändert. Die Diplomaten und Regierungsbeamten sind aus dem Stadtteil Bad Godesberg weggezogen. Es wohnten nach wie vor pensionierte Diplomaten und Ministerialbeamte sowie gut situierte Bürger dort, wie etwa der ehemalige Bundesfinanzminister Peer Steinbrück. Hinzugezogen waren auch Manager der Post und der Telekom. Doch in die umliegenden Viertel zogen immer mehr Migranten, die weniger gut situiert sind. In direkter Nachbarschaft der Gründerzeitvillen bildeten sich Straßenzüge, wie man sie aus Berlin oder Hamburg kennt.

Die Ersten, die das zu spüren bekommen, sind immer die Kinder. Die Gewalt entsteht in den Schulen und um die Schulen herum. Besonders ins Visier geraten waren Schüler zweier Privatgymnasien: des jesuitischen Aloisius-Kollegs und des Pädagogiums. Regelmäßig wurden Schüler dieser »Elite-Gymnasien« von Jugendbanden aus den Bonner Problemvierteln Medinghoven und Tannenbusch regelrecht überfallen.

Es ist ja immer das Gleiche. Deutsche Schüler sind »Opfer«, denen man problemlos Handys, MP3-Player und Geld abziehen kann. Mehrfach kam es zu Zusammenstößen ganzer Gruppen und im September 2009 zu einer Massenschlägerei mit Baseballschlägern und Schlagringen im Kurpark. Viele wurden dabei verletzt. Lehrer und Sozialarbeiter machten aber auch die Gymnasiasten mitverantwortlich: Sie hätten gegenüber den Migranten eine gewisse Arroganz an den Tag gelegt.

Plötzlich waren wir mitten in ›Türken-Sam‹. Oder in dem amerikanischen Film ›Die Outsiders‹ mit Patrick Swayze, Tom Cruise und Mat Dillon. Der 1983 gedrehte Film spielt im Jahr 1966 in der Kleinstadt Tulsa in Oklahoma. Eine Bande jugendlicher griechischer Einwanderer mit gestylten Haaren, die »Greasers«, liefern sich darin tödliche Gefechte mit den Söhnen der Upperclass, den geschniegelten »Socks«.

Greasers oder Socks, ich will damit sagen, dass dies kein rein muslimisches Phänomen ist. Es ist ein Einwandererproblem und ein Problem der unterschiedlichen Gesellschaftsschichten – mithin ein Problem unserer Zeit. Solange es Industriestaaten und eine Dritte Welt gibt, ein Nord-Süd-Gefälle, ein Ost-West-Problem sowie Ober- und Unterschichten, wird es Migration geben. Und die Letzten auf der Einwandererleiter beißen immer die Hunde. West-Side-Story, East-Side-Story, die Probleme der zuletzt eingewanderten Gruppen sind so alt wie die Menschheit.

Düzen war regelrecht schockiert. Sie recherchierte diese Konflikte in Bad Godesberg und war erschüttert über das Ausmaß der Gewalt. Sie suchte nun in Bad Godesberg nach deutschen Jugendlichen, die mit ihr auch vor der Kamera reden würden. Da fand sie aber kaum jemanden. Das ist ein bisschen wie das Schweigen der Lämmer. Natürlich herrscht dort ein Klima der Angst und des gegenseitigen Misstrauens.

Was hatte sie erwartet?

Irgendwann fand sie ein paar Jugendliche auf beiden Seiten und auch einige Geschäftsleute, die beklagten, dass sie schon öfter von jugendlichen Migranten überfallen worden waren. Der Film wurde immer länger. Jetzt hatte die Redaktion schon 45 Minuten eingeplant.

Am Tag, als der Film ausgestrahlt wurde, wurde Düzens jüngster Bruder verhaftet. Er hatte einen Raubüberfall begangen und sah einer längeren Gefängnisstrafe entgegen. »Cem«, sagte sie, »ich habe diese Probleme nie so gesehen.«

Jetzt waren sie aber in ihrer eigenen Familie angekommen. Düzens Film hieß ›Angst vor den neuen Nachbarn‹. Er bekam den Bayerischen Filmpreis. Düzen sagte mir, sie habe ihrem Bruder mein Buch in die Untersuchungshaft mitgebracht.

Auf dem weißen Sofa ist es sehr bequem

Im Oktober 2009 war ich bei Anne Will eingeladen. Die Sendung hieß »Keine Chance für Ali und Ayse – Gemüse verkaufen statt Karriere machen?«. Es diskutierten Wolfgang Bosbach, stellvertretender Vorsitzender der CDU, der ehemalige Innenminister Otto Schily (SPD), Öczan Mutlu (Bündnis90/Grüne), bildungspolitischer Sprecher im Berliner Abgeordnetenhaus, Heiner Bielefeldt, Professor für Menschenrechte und Menschenrechtspolitik und die Journalistin Güner Balci. Ich trat als »Gast auf dem weißen Sofa« auf.

Die Sendung bezog sich auf Thilo Sarrazins provokante These, die Türken seien unproduktiv, außer im Obst- und Gemüsehandel. Sein Buch ›Deutschland schafft sich ab‹ erschien 2010, aber einige seiner darin enthaltenen Analysen waren im Oktober 2009 bereits bekannt.

Ein Freund begleitete mich in das Studio in Berlin-Adlershof, damit ich nicht allein war. Ich trug einen Anzug und war am Morgen noch joggen, damit ich vielleicht ein wenig schlanker erschien. Beim Joggen war mir eine junge Frau von Anfang 20 begegnet. Ich spuckte in einen Busch, wie man das beim Joggen so macht, der überflüssige Speichel muss raus. »Rotz doch in deinem eigenen Land, Kanake«, rief die junge Frau. Dabei hatte ich gar nicht in ihre Richtung gespuckt, geschweige denn in ihrer Nähe. Ich blieb stehen. Die junge Frau ging weiter.

Da sah ich auf der Straße zwei Polizisten, einen Mann und eine Frau. Ich ging zu ihnen und erzählte die kleine Geschichte. Ich wollte einfach mal wissen, was ich in einem solchen Fall denn machen könnte. Festhalten dürfe ich diese Frau auf keinen Fall, sagten die Beamten, und schlagen dürfe ich sie auch nicht. Schlagen? Wieso schlagen? Hatte ich vielleicht irgendetwas in dieser Art gesagt?

Die beiden Beamten schienen überhaupt eher gelangweilt und antworteten sehr unwirsch. Ich hatte das Gefühl, sie wollten mit einer solchen Bagatelle nicht belästigt werden. Ich hatte auch gar nicht die Absicht, das Mädchen anzuzeigen, ich wollte nur sehen, wie die Polizisten reagieren würden.

»Fühlen Sie sich als Opfer der Gesellschaft?«, war Anne Wills erste Frage.

Nein!

Ich würde meinen Auftritt aus heutiger Sicht als suboptimal bezeichnen. Ich war sehr nervös und brachte zu Beginn kaum ein Wort heraus. Ich hatte so vieles sagen wollen, und vielleicht hätte ich schon auf die erste Frage einfach die kleine Geschichte vom Joggen an diesem Morgen erzählen sollen, aber vor laufender Kamera ist auf einmal alles anders. Man hat nicht jeden Tag ein Millionenpublikum, das einem zuhört. Ich konnte kaum einen klaren Gedanken formulieren. Ich wollte ganz perfekt sein und alles sagen, was sich in 20 Jahren aufgestaut hat, und dann kam alles anders.

Und natürlich hatte ich, wider besseren Vorsatz, meine Machomaske aufgesetzt oder das, was man dafür halten könnte. Ich merkte, wie ich bei manchen Fragen sofort wieder eine Verteidigungshaltung einnahm. Das kannte ich schon mein Leben lang so. Immerhin gelang es, wenigstens einen vernünftigen Satz anzubringen: Als die Diskussion abzuflauen drohte und es plötzlich um Asiaten ging, die wiederum ganz andere Probleme haben, sagte ich: »Bitte vergessen wir hier doch nicht, worum es geht. Wir haben hier einen dreißigjährigen deutsch-türkischen Konflikt.«

Niemand widersprach. Später sagten mir türkische wie deutsche Freunde, dies sei das erste Mal gewesen, dass sie in

29

diesem Zusammenhang öffentlich das Wort Konflikt gehört hatten.

Ich fand vor allem die Vor- und Nachgespräche interessant. Man trifft sich in einem Raum, es gibt Snacks und Getränke, alle sind nett zu einander. Ich habe das später noch oft erlebt. Hier werden die eigentlichen Diskussionen geführt. Man bespricht sich in aller Freundlichkeit, und wenn man die hitzköpfigen Attacken später live erlebt, ist man erstaunt, wie freundlich hinterher in diesem Raum wieder miteinander umgegangen wird. Aber das ist eben Politik.

Otto Schily war sehr distanziert und gab mir, so empfand ich es, vor der Sendung nur widerwillig die Hand. Dabei sah er mich auch nicht an. Wolfgang Bosbach war freundlich und nett. Öczan Mutlu kannte ich bereits. Güner Balci war mit ihrem Freund gekommen. Ich grüßte ihn, weil ich ihn einmal in einem Restaurant kennengelernt hatte, in dem er kellnerte. Ich wollte damals wissen, ob er Türke sei. Aramäer, sagte er. Güner Balci war überrascht, dass wir uns kannten. Wir setzten uns zusammen und kamen ins Gespräch. Wir stellten fest, dass wir beide Aleviten waren.

»Eigentlich hatte ich mir vorgenommen, dir so richtig Kontra zu geben. Aber da du dich mit meinem Freund so gut verstehst, muss ich ja jetzt nett zu dir sein«, sagte Güner mit einem Augenzwinkern. Die gute Stimmung nahm ich zum Anlass, ein Wort mit Herrn Bosbach zu wechseln.

»Eigentlich, Herr Bosbach, mag ich Sie überhaupt nicht.«

»Wieso? Warum denn?«

»Sie haben immer über Türken gelästert, so habe ich das jedenfalls empfunden. Ich hatte immer den Eindruck, dass Sie ein Rechtspopulist sind. Sie sind doch zum Beispiel gegen den EU-Beitritt der Türkei?«

Wolfgang Bosbach blieb überraschend freundlich. Das machte ihn sofort sympathisch.

»Wieso? Nein, ich persönlich war nie gegen den EU-Beitritt.«

Nach der Sendung trafen wir uns alle wieder in diesem Raum. Wolfgang Bosbach kam mir herzlich entgegen, und ich dachte schon, er wolle mich umarmen. Ich konnte ihm nicht böse sein. Otto Schily sah mir plötzlich in die Augen. Er gab mir die Hand und wünschte mir viel Erfolg. Das war ein schönes Gefühl.

Trotzdem. Die Sache war suboptimal gelaufen, und was ich mir in meiner Naivität so ausgemalt hatte, dass ich eine Million Exemplare von meinem Buch verkaufen, reich und ein angesehenes Mitglied der Gesellschaft werden würde, inklusive Kino-Erfolg, trat natürlich nicht ein.

Stattdessen verkaufte ein anderer eine Million Bücher. Wir waren auf Zypern, meine Freundin Maria und ich. Sie ist Griechin. Ich las in der Zeitung von Thilo Sarrazins Buch. Ich regte mich darüber auf. Weniger darüber, was er gesagt hatte – zunächst –, sondern darüber, dass sein Buch sofort ein Hit war und sich wie warme Semmeln verkaufte. Meines dagegen nicht. Warum hatte er Erfolg und nicht ich? Ich hatte schon wieder dieses diffuse Gefühl, von allem und jedem, von der ganzen deutschen Gesellschaft betrogen worden zu sein. Da war sie wieder, die Kränkung. Völlig banal, unsachlich und dumm. Aber es verhält sich mit Kränkungen eben wie mit Ängsten: Sie sind irrational.

»Cem, warum jammerst du?«, fragte Maria. »Weil du keinen Erfolg hast? Du hast mir doch mal gesagt, du hast das Buch vor allem für die Jugendlichen geschrieben. Oder nicht? Um die Gesellschaft ein klein wenig besser zu machen. Um für Verständnis zu werben. Aber wenn du nur Erfolg damit haben wolltest, hast du doch gelogen, dann stimmt da etwas nicht.«

Ich war sofort beleidigt. Wie ein kleines Kind. Wegen

Maria, wegen der ganzen Welt. Ich wollte nichts, aber auch gar nichts einsehen.

»Stell dir mal vor, du wärst ein Deutscher und hättest in der Türkei ein Buch veröffentlicht, das dort die Gesellschaft und das Establishment angreift. Was wäre passiert? Sie hätten dich eingesperrt oder aufgeknüpft«, sagte Maria.

Ich war immer noch beleidigt.

»Es ist doch ihr Land. Die Deutschen wollen ihre Probleme in ihrem Land selbst lösen und nicht von dir gesagt bekommen, was sie tun sollen. Das kann man auch verstehen.«

Okay, sie hatte recht. Aber ich habe noch eine ganze Weile gebraucht, das einzusehen. Erst langsam wurde es mir begreiflich, worum es eigentlich ging. Um die Arbeit mit den Jugendlichen vor Ort. Ehrliche, einfache, kleine Arbeit. Warum war ich denn schon wieder auf diesen Erfolgsmist hereingefallen? Wollte ich wirklich wieder nur mit Promis abhängen und am liebsten selbst ein Star sein?

Ich hatte auch Maria unterschätzt. So deutlich hat mir noch nie jemand den Kopf gewaschen. Ich musste mir wieder bewusst machen, um was es eigentlich ging: dass dieses Land, das auch meines und Marias Land ist, nicht in Hass und Segregation versinkt.

»Bitte holen Sie die Überreste Ihrer Kinder ab.«

Bleiben wir zunächst bei der Segregation. Im Sommer 2011 entstand in Berlin eine hitzige Diskussion. Nachdem die Bezirke Mitte und Wedding zusammengelegt worden waren, bekamen einige Eltern im Bezirk Mitte die Aufforderung, ihre Kinder fürderhin in die Grundschule in den Wedding zu schicken. Das hätte aber bedeutet, dass die Kinder der überwiegend liberalen Grünen- und SPD-Wähler oft schwäbischer Provenienz nun in Klassen mit 90-prozentigem Migrantenanteil eingeschult würden. Dagegen haben fast alle Eltern geklagt – und klagen noch. Selbst das Angebot, auf diesen Schulen eigene, rein bio-deutsche Klassen zu bilden, lehnen die Multikulti-Anhänger ab.

Ich kann's ja verstehen.

In der total segregierten Jens-Nydahl-Grundschule in Kreuzberg zum Beispiel haben 98,2 Prozent der 313 Schüler einen Migrationshintergrund. 285 dieser Schüler haben Eltern, die von der Grundsicherung leben. Dazu wird die Schulstadträtin Monika Herrmann in der Bild-Zeitung vom 15. September 2011 mit den Worten zitiert:»Es ist vollkommen egal, wie viele Kinder mit Migrationshintergrund dahin gehen.« Monika Herrmann wird weiter zitiert: Sie bestreite nicht, dass viele staatliche Schulen nicht mehr konkurrenzfähig seien. Die Gründe darin sehe sie aber eher in der mangelnden Lehrerausstattung sowie im laufenden Sanierungsprogramm.

Warum, frage ich mich da, belässt man auf einer solchen Schule die restlichen drei deutschen Schüler überhaupt noch, die dort praktisch täglich gemobbt werden? Bloß weil ihre Eltern arm sind? Sollte man die Ausländerkinder dann nicht lieber wirklich ganz von den deutschen Kindern trennen?

Die Bild-Zeitung vom 19. Januar 2012 listet die »Top 10« der Berliner »Öffentlichen allgemeinbildenden Schulen mit dem höchsten Anteil an Schülern nicht deutscher Herkunftssprache« wie folgt:

1. Jens-Nydahl-Grundschule (Kreuzberg) 98,2 %
2. Robert-Koch-Oberschule (Kreuzberg) 97,5 %
3. Hector-Peterson-Oberschule (Kreuzberg) 97,2 %
4. Silberstein-Grundschule (Neukölln) 97,2 %
5. Paul-Dohrmann-Grundschule (Kreuzberg) 95,7 %
6. Richard-Grundschule (Neukölln) 95,3 %
7. Elbe-Grundschule (Neukölln) 95,0 %
9. Wedding-Grundschule (Wedding) 94,4 %
10. Hermann-Sander-Grundschule (Neukölln) 94,3 %

Das Blatt beruft sich dabei auf die Senatsverwaltung für Bildung. Warum hier Platz acht fehlt, weiß ich nicht. Ich möchte dies aber gern als Überleitung zu einer Geschichte bringen, die eine mir bekannte Mittfünfzigerin erzählte.

Ich kann für diese Geschichte nicht geradestehen, ich sehe aber auch keine Gründe, an der Authentizität der Geschichte oder an der Glaubwürdigkeit meiner Bekannten zu zweifeln. Und da mich die Geschichte in gewisser Weise amüsiert hat, möchte ich sie dem Leser nicht vorenthalten.

Sie geht wie folgt:

In Berlin taten sich einige um den Zustand der Gesellschaft besorgte Eltern zusammen. Alle ihre Kinder besuchten die gleiche Schule in einem überwiegend von Bio-Deutschen bewohnten Stadtteil, weshalb der Migrantenanteil an dieser Schule nicht allzu hoch war. Nun kamen diese Eltern auf die Idee, ihre Kinder zumindest für eine gewisse Zeit einmal der Obhut einer Schule mit außerordentlich hohem Migrantenanteil anzuvertrauen, weil sie vermutlich der Meinung waren, sie sollten früh den Umgang mit diesen Migrantenkindern erlernen, da sie ja im weiteren Leben auch mit ihnen klarkommen müssten.

Die Legende besagt weiter, dass einer dieser fortschrittlich denkenden Eltern ein Polizist gewesen sei. Nachdem alle für dieses Unterfangen erforderlichen Genehmigungen seitens der Schulbehörden eingeholt worden waren, konnte das ungewöhnliche Experiment beginnen. Nach den Erzählungen meiner Bekannten handelte es sich immerhin um den Zeitraum einiger Wochen, in welchem die deutschen und die Migrantenkinder in friedlicher und fruchtbarer Koexistenz geschult werden sollten.

Aber bereits am ersten Tag dieses mutigen Feldversuchs habe die Direktion dieser Schule ganz aufgelöst den Wortführer der deutschen Elternfraktion angerufen und sinngemäß gesagt:»Bitte holen Sie die Überreste Ihrer Kinder ab.«

Offenbar war es bereits in der ersten großen Pause zu einer ganzen Reihe von gewalttätigen Übergriffen seitens der Migrus gegen die deutsch-autochthonen Kinder gekommen. Die Polizei und ein Krankenwagen seien umgehend vor Ort gewesen.

Das ging wohl in die Hose. Ich glaube allerdings nach wie vor an die Vermischung wie an die Ganztagsschule. Dieses, nach allem, was man weiß, sehr glaubwürdige, wenn auch leider nicht zeugenfest belegbare Beispiel zeigt, dass es womöglich eine ganze Reihe Eltern gibt, die das ähnlich sehen – sie wissen nur nicht, wie sie es umsetzen sollen. Der Berliner Feldversuch zeigt auch, dass man eine solche Aktion mit Sicherheit unter anderen Rahmenbedingungen starten müsste. Die richtige Mischung macht es.

Aber selbst die »richtige« Mischung ist noch kein Garant für eine gute Schule und gutes Lernen. Das Problem ist da, und es wird bleiben und sich mit weiterer Einwanderung weiter verstärken. Die meisten Eltern wissen nicht, wie sie mit den heutigen Problemen ihrer Kinder an den Schulen umgehen sollen, da sie selbst diese Probleme nie gehabt haben. In ihrer eigenen Schulzeit gab es keine derart hohen Migrantenanteile. Fast jeder hatte bereits Migrantenkinder in seiner Klasse, aber niemals in diesem Maße.

Ein Freund erzählte mir von seinem 15-jährigen Sohn, der auf ein Gymnasium in Schöneberg ging, dessen Migrantenanteil etwa bei 60 Prozent lag. Mein Freund wollte jedoch, dass sein Sohn durchaus mit Migranten groß werden sollte, um der Segregation dergestalt entgegenzuwirken. Besagter Sohn ist ein gut aussehender Bursche und kein schmächtiger Nerd. Er war zuvor ein sehr guter Schüler auf einer Privatschule gewesen, von der ihn mein Freund aus ebendiesen Gründen heruntergenommen hatte.

Plötzlich sackten seine Leistungen deutlich ab. Er schleppte Verweise an und schwänzte die Schule. Mein Freund konnte sich darauf keinen Reim machen. Ich bot an, mit seinem Jungen einmal zu reden.

Nennen wir ihn Max.

Max machte jetzt, das erkannte ich sofort, ein wenig auf cool und Gangstarapper. Das ist normal in diesem Alter. Er druckste eine Weile herum, dann spuckte er es aus. Er hatte freiwillig schlechte Noten. Weil es uncool war, gute Noten zu haben. Weil man damit in den Augen der Kumpels ein Streber war – und seine Kumpels waren durchaus multikulturell gemischt. Da waren deutsche Jugendliche ebenso wie Araber, ein Perser und ein Asiat. Eine bunte Truppe, die an der Schule eine gewisse Rolle spielte und als »cool« galt.

»Deswegen hast du schlechte Noten?«

»Ja. Mehr als eine Drei will ich nicht haben.«

»Und wer gute Noten hat, wird gemobbt?«

»Da gibt es einen, der Einsen schreibt, der kriegt ständig Nackenschläge auf dem Schulhof«, sagte Max.

Wir redeten dann mit seinem Vater und auch mit seiner Mutter – Max' Eltern sind geschieden, verstehen sich aber ganz gut. Die Mutter nahm Max umgehend von der Schule. Es ist ein heikles Thema. Schüler, die instinktiv wissen, dass sie wenig Chancen haben und »es nicht schaffen« werden, ziehen andere Schüler ebenso instinktiv mit runter. Ich habe meinem Freund und seinem Sohn den Schulwechsel auch empfohlen. Solange die erforderlichen Gegebenheiten an den Schulen nicht existieren, muss man tatsächlich den Weg der Segregation gehen, wenn man seinen Kindern in diesen schwierigen Zeiten eine möglichst gute Ausbildung mit auf den Weg geben möchte.

Streber hatten es zu allen Zeiten auf fast allen Schulen schwer. Aber man musste früher nicht zum Gangstarapper mutieren, um von der Gemeinschaft Anerkennung zu erfahren, und maximal eine Drei minus schreiben, weil man sonst Angst vorm Nackenklatschen haben musste. Ich meine, auch wohlhabende Migranten siedeln um in bessere Gegenden, packen ihre Kinder auf Privatschulen und stecken sie in teure englische Internate und Universitäten. Das kann man niemandem verübeln.

Es gibt das geradezu biblische Bild der faulen und der guten Äpfel. Wenige faule Äpfel in einem Eimer verderben auch viele gute Äpfel heißt es da, und deshalb müsse man diese faulen Äpfel aussortieren und wegwerfen.

Das ist ein gefährliches Bild. Wenn man von Aussortieren und Wegwerfen spricht, ist man ganz schnell bei Ausrotten und Töten. Es gibt nicht wenige, die danach schreien, »faule

Äpfel« einfach abzuschieben. Es ist ein Stammtischbild, ein radikales und unmenschliches Bild.

Okay. Es ist aber auch ein Bild, das nicht ganz von der Hand zu weisen ist. Wenn wir erst einmal Schulen schaffen, die ganztags geöffnet sind, kleine Klassen haben und eine halbwegs vernünftige Mischung (die ja laut bisherigen Erfahrungen einen Migrantenanteil von etwa 35 Prozent nicht überschreiten sollte), wenn wir Gesetze haben, die Minderheiten schützen und so weiter – dann erst muss man auf den Schulen die »faulen Äpfel« tatsächlich aussortieren.

Meine Meinung. Aber was heißt das? Es heißt nicht, diese Kinder abzuschieben. Wohin denn auch? Und wenn ein deutsches Kind ein »fauler Apfel« ist? Was dann? Es heißt auch nicht, diese Kinder in ein Boot-Camp nach amerikanischem Vorbild zu stecken, wo sie gebrochen und geschunden werden sollen, wo man ihnen mit seelischer Gewalt und körperlichen Qualen Angst und Respekt einzujagen versucht, als wären sie eine Horde wilder Hunde.

Es bedeutet aber, dass man für diese – wenigen – Kinder eigene Schulen schaffen müsste, in denen dann Pädagogen, Psychologen, Sozialsheriffs, Religions- und Kampfschullehrer und dergleichen mehr an einem Strang ziehen und versuchen, diesen Kindern irgend beizukommen. Sie zu resozialisieren, anstatt in die Knäste zu stecken. Mit der Aussicht, sie bei vernünftigem Verhalten und besseren Leistungen jederzeit wieder in eine normale Schule einzugliedern.

Das wäre auch nichts weiter als ein Kompromiss auf dem langen Weg zu einer sozial friedlichen Gesellschaft, in der Herkunft keine Rolle mehr spielt. Wir sind ein Einwanderungsland, das ist beschlossen, das ist Fakt und nicht umkehrbar. Und wir müssen neue Wege gehen, wenn die alten nicht mehr taugen.

Türkische Rassisten reinsten Wassers

Aydin ist ein alter Freund von mir in Hamburg. Er wuchs mit allen möglichen Leuten auf, nur nicht mit Türken. Man kann sagen, er war assimiliert. Dann verliebte er sich in eine türkische Geschäftsfrau, die ihn in die türkische Kultur und Gesellschaft einführte. Aydin konnte kaum zwei Sätze Türkisch. Sie brachte es ihm bei, fuhr mit ihm nach Istanbul, und Aydin besuchte plötzlich türkische Konzerte und Kulturveranstaltungen. Er fühlte sich da sehr wohl, und so stieß er eines Tages auf den Asortik Business Club, eine Art Lounge für türkische Geschäftsleute.

Aydin wurde Moderator und Organisator der verschiedensten Veranstaltungen dieses Vereins. Das ist ein rassistischer Club reinsten Wassers: Mitglieder können nur türkisch-stämmige Frauen und Männer werden, egal ob armenisch-türkisch, jüdisch-türkisch oder kurdisch-türkisch, Hauptsache türkisch. Beinahe alle sind Türken meiner Generation, die hier geboren wurden oder als Kinder nach Deutschland kamen.

Es ist keine islamistische Vereinigung. Religion bleibt außen vor. Sie sind große Befürworter der Integration, lehnen aber jede Form von Assimilation entschieden ab. Das ist die Raison d'etre dieses Clubs: Sie wollen ihre eigene Identität behalten. Asortik zählt inzwischen rund 1100 Mitglieder, und es werden ständig mehr. Dominiert wird die Vereinigung von Frauen. Man kann sagen, Asortik ist dabei, sich zu einer eigenständigen deutsch-türkischen Stimme mit parteipolitischem Charakter zu entwickeln. Unter der Hand wird kolportiert, die Frauen des Clubs, meist erfolgreiche, unverheiratete Selbstständige um die dreißig, seien nicht ganz uneigennützig bei der Sache, hätten sie doch weithin das Problem, türkische Männer gleichen Schlags zu finden. Gut, mach ich halt Kultur.

Dieser Club fand jedenfalls die Tatsache gut, dass ich mich selbst resozialisiert hatte. Sie luden mich ein, im Arkadas-Theater zu lesen, einem Veranstaltungsraum, den sie gemietet hatten. Zur Erinnerung: Arkadaş heißt Freund, ein Wort, das meiner Meinung nach in deutschen Schulen ruhig einmal gelehrt werden dürfte, weil es auf dem Schulhof gar nicht so dumm ist, dieses Wort zu kennen. Mit dabei waren an diesem Abend Jochen Ott, heute Kölner SPD-Chef, Frau Edis, auch SPD, sowie Ekrem Şenol, Betreiber des türkischen Internet-Politforums ›Migazin‹.

Es kamen über 100 Leute. Eine schöne Veranstaltung. Wahrend der Diskussion erzählte Ott von bedrohlichen Situationen in Köln; er befürchte ebenso wie ich, es könne über kurz oder lang zu Ausschreitungen nach Pariser oder Londoner Vorbild kommen. Ich war sehr gerührt, dass mir Frauen wie Männer des Clubs so viel Vertrauen entgegenbrachten. Es sind großherzige Menschen. Zu häufigem Gelächter kam es allerdings, weil ich den Namen Gonca Moduk Edis nicht richtig aussprach. Ich sagte immer »Moruk« statt Moduk. Das ist ein Slang-Ausdruck wie »Alter«. Frau Edis wurde ein wenig rot.

Ich hatte bis dahin gar nicht gewusst, dass es eine solche Vereinigung in Deutschland überhaupt gab. Das ist mal eine intelligente Parallelgesellschaft. Sie machen eigene Modenschauen, gehen zusammen essen, plaudern und wärmen sich am Kaminfeuer. Wie in einem englischen Club.

Im Verlauf der Gespräche stellte sich heraus, dass fast alle ähnliche Erfahrungen wie ich gemacht hatten. Sie hatten zwar niemanden zusammengeschlagen, waren nicht kriminell geworden. Sie hatten vielmehr Karriere gemacht, waren eigentlich angekommen in der Mittel- und Oberschicht der deutschen Gesellschaft.

Aber sie hatten, und das spürte ich sehr deutlich, verletzte Seelen; sie waren ausgegrenzt worden und taten sich nun zusammen. Im Grunde ist Asortik eine Ohrfeige für die deutsche Gesellschaft: moderne, weltoffene Menschen, die keine deutschen Empfindlichkeiten stören wollen und daher lieber unter sich bleiben. Sie dokumentieren mit sehr viel Humor und Spaß das Scheitern der Integration in diesem Land auf einer ganz anderen Ebene als der Ebene der Dummheitsgenetik, der Unterschicht und Gewalt.

Ein Club, in dem Deutsche gar nicht Mitglied werden können – ich finde das großartig. Fällt mir noch ein Spruch von Dieter Nuhr ein: »Früher sagten wir: Ich denke, also bin ich. Heute wissen wir: geht auch so.«

Von Bio-Lippenstiften und Bürgerprotesten

Viele können mit dem Wort »Bio-Deutscher« nichts anfangen. Vielleicht trifft es irgendwie einen Nerv, erzeugt ein diffus schlechtes Gewissen, ein Grundproblem der Deutschen. Jedenfalls neigen manche, wenn sie den Begriff hören, spontan zum Beleidigtsein, was ja eigentlich ein muslimisches Grundproblem ist. Das meint zumindest der Publizist Hendryk M. Broder. Cem Özdemir, der grüne Bundesvorsitzende, sprach schon oft von »Bio-Deutschen«, und unter den jungen Migranten hat sich das Wort längst durchgesetzt. Das Wort Bio haben ja die Deutschen nicht nur erfunden, sie haben es sogar zu ihrem Lieblingswort gemacht. Bio-Tonne, Bionade, Bio-Gemüse, Bio-Obst, es gibt Bio-Seife, Bio-Hundefutter, Bio-Lippenstifte. Bei Eiern, Milch oder Salat leuchtet mir das ein. Was an einem Lippenstift biologisch ist, das verschließt sich mir eher. Wie auch immer, für die Deutschen ist Bio ein positives Etikett. Sie mögen es. Es klingt empfehlenswert, und wenn es irgendwo draufsteht, kann man damit auch ein gutes Geschäft machen. Nur dass man sie selbst mit diesem Etikett versieht, das wiederum mögen die Deutschen gar nicht. Sie wollen nicht einsehen, dass es ein liebevoller Kosename ist, der auch noch gesund klingt.

Der Legende nach ist dieser Kosename ungefähr folgendermaßen entstanden. Die wohlhabenden Deutschen haben nur noch nach streng biologisch angebautem Obst und Gemüse verlangt und ihre türkischen Gemüsehändler mit der Frage genervt: Wo ist denn hier die Bio-Abteilung? Mit dieser Lebensmittelrevolution konnten die türkischen Händler nichts anfangen. Für sie war Obst Obst und Gemüse Gemüse.

Daraufhin stellten die Deutschen ihre Einkäufe bei ihren Quotentürken, die sie liebten, ein. Die Händler hatten große Umsatzeinbußen zu verzeichnen. Einer der Händler sagte dann einmal zu einem anderen: Almanlar kafyı yedi biolan – Die Deutschen sind verrückt geworden mit ihrem Bio-Gesabbel. Salak Bio-Almanlar. Bescheuerte Bio-Deutsche. Man kann das verstehen. Der arme Mann war völlig überfordert, verkaufte nichts mehr an seine Multikulti-Klientel und musste seinen Laden total umstellen. Dass er sich dabei über seine Kunden aufregte, kann man nachvollziehen. Unter uns Migranten: Wir fanden ja das von den Deutschen geprägte Wort »Bio-Kartoffel« besonders amüsant, weil wir sie ja von klein auf gern »Kartoffeln« nannten.

Haben wir uns also über die Deutschen lustig gemacht und ein wenig Humor bewiesen, welcher uns gemeinhin abgesprochen wird, ist es auch wieder nicht recht. Da ich meine bio-deutschen Mitbürger aber in diesen schweren Stunden nicht alleine lassen möchte, nenne ich mich ab heute »Knoblauch-Deutscher«. Womit sie sich hoffentlich anfreunden können, denn Knoblauch, so viel habe ich in 40 Jahren verstanden, essen sie schließlich auch gerne. Bio-Knoblauch, natürlich. Mein Gott, da haben sich aber auch zwei Jammervölker getroffen. Irgendwie hat Hendryk M. Broder schon recht.

Dieser Publizist äußert sich in seinen Büchern und medialen Beiträgen gern darüber, wie der Islamismus weltweit um sich greift und die Deutschen ob dieser Aggression fröhlich kapitulieren. Das Letzte, was ich will, ist es, einen Mann anzugreifen, der jüdischer Abstammung ist und dessen Mutter in Auschwitz war. Aber das muss ja nicht heißen, dass er *immer* recht hat. Einmal sah ich, wie er in einem türkischen Restaurant in Schöneberg ein Börek bestellte. Ich war ihm zusammen mit Hamed Abdel-Samad bereits persönlich begegnet, und so sprach ich ihn an.

»'tschuldigung, Herr Broder, Tach – kennen Sie mich noch?«

Er sah mich an.

»Wissen Sie noch? Mit Hamed?«

»Ah, ja, natürlich.«

Er gab mir die Hand.

»Wie geht es Ihnen?«

»Danke, gut. Aber ich will mal offen sein: Eigentlich mag ich Sie nicht.«

Auf meine Provokation, mit der ich ja gern ein Gespräch beginne, reagierte er mit einem Lächeln. Er zeigte überhaupt keine Angst, auch wenn ich einen Kopf größer war. Das imponierte mir.

»Wieso denn?«

»Auf mich machen Sie oft den Eindruck, dass Sie etwas gegen Türken haben.«

»Wieso? Wie kommen Sie darauf?«

»Na, Sie haben mal auf einer Lesung von Hamed bei der Friedrich-Ebert-Stiftung ziemlich gegen die Türkei gewettert ...«

»Ich habe überhaupt nichts gegen Türken. Da ging es nur um politische Fragen«, sagte er vollkommen ruhig.

»Is ja auch egal«, meinte ich, weil ich ihn ja eigentlich mochte.

Wir setzten uns und kamen ins Gespräch.

Lieber Herr Broder, ich habe viel von Ihnen gelernt. Ihr Humor und Ihre lockere Art, auch mit sich selbst und Ihrem Volk umzugehen, hat mir einiges von meiner Bitterkeit genommen. Ich versuche, die Dinge nicht mehr so persönlich zu nehmen und nicht sofort wütend zu werden. Wir neigen ja tatsächlich dazu, schnell beleidigt zu sein, wenn wir uns ungerecht behandelt fühlen und zum Beispiel von einem Polizisten unfreundlich angegangen werden.

Wenn ich mir dagegen ansehe, mit welcher Präzision die

Polizei beim Bürgerprotest Stuttgart 21 den Wasserwerfer auf die eigenen Bürger richtete, mit welcher Entschlossenheit sie den Schlagstock gegen ihre Tanten und Nichten führte, rührt es mich geradezu zu Tränen. Oder wenn sie auf Studenten beim Castor-Transport einprügeln. Großartig, diese Gleichberechtigung. Nein, ich werde nicht mehr sagen: und das nur, weil wir Türken sind. Ist ein Polizist eben mal unfreundlich. Ich habe hundert Polizisten getroffen, die sehr freundlich waren und gern mal ein Auge zudrückten.

Migranten im Westen, Bio-Deutsche im Osten

Ich war dem Phänomen Streetworking gegenüber immer skeptisch gewesen. Ich kannte als Jugendlicher selbst keine Streetworker, und in den Vierteln, in denen ich in Hamburg aufgewachsen war, kannte ich auch keine anderen Türken, die Streetworker oder Sozialpädagogen kannten. Es wäre in meinem Viertel auch niemand auf die Idee gekommen, einen Sozialpädagogen in irgendeiner Form zu konsultieren, selbst wenn man jemanden gekannt hätte.

Ich habe mich also immer gefragt: Brauchen wir diese Leute eigentlich? Und sollte der Mensch nicht zuerst sich selbst helfen, bevor er sozialpädagogisch betreut wird? Wird jemandem, der psychologisch betreut wird, nicht automatisch gesagt, er sei krank? Befanden sich also alle, die von Streekworkern betreut wurden, in einem permanenten Krankheitszustand?

In diesen Jugendclubs waren die Migranten wieder nur unter sich. Das ist ein alter Hut. Die wollen nicht mit uns, also wollen wir nicht mit denen. Es sind reine Migrantenhöhlen. Hinzu kommt: Wenn man jemanden ständig unterstützt, wenn man Jugendlichen ständig hilft, ihre Bewerbungen zu schreiben, Hausaufgaben zu machen oder teure Musikvideos zu produzieren, erzieht man sie dann nicht zu einer gewissen Unselbstständigkeit?

Ich kenne ja viele Kinder und Jugendliche. Natürlich sind diese Einrichtungen für sie auch ein Ersatz für die materiellen Dinge, die sie zu Hause nicht bekommen. Sie spielen an der Playstation, die sich ihre Eltern nicht leisten wollen, es gibt einen Billardtisch, sie können mit einer Videokamera experimentieren. Es ist ein Belohnungssystem. Aber wo bleibt da die Fähigkeit, sich selbst um seine Belange zu kümmern und sich einen Platz in der Gesellschaft zu erobern?

Und wenn wir schon so viele Sozialarbeiter in Deutschland haben, und das nicht erst seit gestern, warum hatten wir immer noch so viele Probleme? Andererseits: Hätten wir ohne die Sozialarbeit vielleicht noch mehr Probleme? So jedenfalls dachte ich bis zu diesem Morgen.

Das Berliner Projekt Gangway e. V. wurde 1990 gegründet und wird seither vom Berliner Senat unterstützt. Es ist eine der größten Institutionen dieser Art in der Hauptstadt. Es besteht aus derzeit 14 Teams. Eines dieser Teams leitet ein Mann namens Semih Kneip. Er hatte in der Zeitung von mir gelesen und rief mich an.

Er wollte eine Veranstaltung mit mir organisieren. Ich sollte dabei aus dem Buch vorlesen, dazu gebe es ein kleines Rap-Konzert und anschließend eine Diskussion. »Schriftsteller treffen Rapper – im Dialog mit dem Publikum. Was treibt uns zum Schreiben und Texten? Wut? Hoffnung? Liebe? Sehnsucht? Was bedeutet Heimat für mich?« Unter diesem Motto sollte die Veranstaltung in einer Fabriketage in Kreuzberg stattfinden.

Ich besuchte Semih in seinem Büro. Ich mochte ihn sofort. Ich fragte ihn: »Sag mal, du machst das schon so lange. Du musst doch mal 'n Burnout haben?« Semih nickte. Er litt darunter, ständig diese ganzen Schicksale vor Augen zu haben, aber er war ein Mann, der sich nicht unterkriegen ließ. Ich hatte das Gefühl, er hatte eine Art Sendungsbewusstsein.

»Wir haben eine riesige, ständig wachsende Zahl von Migrantenkindern auf der einen und wenig Möglichkeiten auf der anderen Seite«, sagte er. Er versuche, die Jugendlichen dort zu erreichen, wo sie sich befänden: auf der Straße.

»Dennoch. Ich glaube nicht, dass irgendwann diejenigen, die nichts haben, diejenigen, die ins Deutsche Theater gehen, auf den Kopf hauen werden. Das war gestern. Wir haben heute ein wirtschaftliches und gesamtgesellschaftliches Problem. Aber vielleicht kommen wir eines Tages dahin, dass Leute, die keine Arbeit haben und verarmen, diejenigen auf den Kopf hauen, die noch Arbeit haben«, sagte Semih. Das leuchtete mir ein.

Semih ist in der Türkei geboren. Er kam als Fünfjähriger nach Berlin. Seine Mutter war Gastarbeiterin bei Siemens. Er machte einen Realschulabschluss, und »dann hatte ich erst mal keinen Bock mehr auf Schule, da war ich nicht viel anders als die Jugendlichen heute«. Über Praktika und Honorarstellen beim Christlichen Jugenddorf Kreuzwerk und ein Studium kam er zu Gangway.

»In einer hochmodernen Gesellschaft, in der Arbeit immer weniger wird, muss man Arbeit neu definieren. Stattdessen schafft man Jobcenter, moderne Container, in die Menschen kommen, die man eigentlich nicht mehr braucht. Da ist der Mensch nur noch Müll, und es wird ihnen gesagt: Ihr seid selbst schuld«, sagte Semih.

Er sagte auch, die Situation in Berlin sei ernst. »Wir arbeiten im Westteil eher mit arabischen und türkisch-stämmigen Jugendlichen, im Ostteil der Stadt dagegen mit neuerdings sogenannten Bio-Deutschen. Wenn man differenziert hinguckt, haben wir da auch Russlanddeutsche und so weiter.«

Migranten im Westen, Bio-Deutsche im Osten – muss man da nicht auch von einer Segregation sprechen?

»Diese Trennung hat zur Folge, dass der natürliche Bewegungsraum der Jugendlichen stark eingeschränkt ist«, sagte Semih.

Weil ein Türke aus Neukölln, der mit der S-Bahn nach Lichtenberg fährt, dort sofort auf die Fresse kriegen würde?

»Richtig. Wobei zunehmend Jugendliche mit Migrationshintergrund in die Ostbezirke fahren müssen, weil dort ihre Berufsschule liegt. So befindet sich die Berufsschule der Tischler in Treptow, andere in Marzahn oder Hellersdorf. Ostberliner Jugendliche fahren dagegen eine Stunde nach Spandau. Gefährlich ist das für alle – ein täglicher Spießroutenlauf. Oft ist das der Grund, die Berufschule abzubrechen, und sie haben wenig Gelegenheit, sich kennenzulernen.« Das versucht Gangway über den Sport auszugleichen. Der Verein organisiert Ligen und Turniere, in denen Jugendliche aus Ost und West zusammen Fußball spielen. Unterstützt werden sie dabei von Ausrüstern wie Niketown. Es wird einiges getan in Berlin, verstand ich an diesem Morgen. »Das war nicht immer so.«

Neben Gangway kümmert sich der Träger »Outreach« mit stationären Einrichtungen wie Jugendclubs um die Kids auf der Straße. Im Projekt »Die Passage« arbeiten Streetworker mit jugendlichen Freigängern und solchen, die bald aus dem Knast kommen. Auch Gangway unterhält ein solches Projekt: »Legal leben«.

»Man muss den Jugendlichen beim Übergang von einem fremdbestimmten Leben im Knast zu einem selbstbestimmten Leben in Freiheit helfen. Wie soll dieses Leben aussehen? Da sind die ersten sechs Wochen ganz entscheidend.«

Über das Projekt »JobInn« versucht Gangway zudem, sie wieder in Arbeit zu bringen. Dabei helfen Partner. Eine Buchbinderei, eine Wohnungsbaugesellschaft, ein Baumanager, ein Getränkehersteller. »Ohne Partnerschaften fährt man heute an die Wand.« Über Hip-Hop und Rap kommen die Sozialarbeiter überhaupt erst an die Jugendlichen ran. Diese Musik ist ihre Sprache. »Sie reden wenig, aber sie singen darüber, sogar sehr laut.«

Am Ende steht nicht selten ein Track, eine Aufnahme, eine Choreografie, sogar mal ein Film. Mit diesen Jugendlichen geht Kneip wiederum in die Schulen, »mit all den Erfahrungen der Straße«. Jugendliche von Gangway rappten schon vor Frank-Walter Steinmeier und 600 Genossen. Oder präsentierten die Streetwear des Modelabels »Eastpak«. »Das war sehr authentisch und bewegend. Sie haben auf dem Catwalk laufen gelernt – im Sinne von aufrecht, stolz. Und eine Kati von Eastpak zu kennen, kann auch beruflich weiterhelfen«, sagte Semih.

Die Botschaft des Vereins ist klar: »Schafft Anerkennung – auf legalem Wege.« Auf einmal ergab das für mich alles einen Sinn. Und ich stellte mir jetzt die Frage: Sind 65 Streetworker und ein paar Jugendzentren überhaupt genug?

»Die Angebote reichen natürlich nicht aus. 50 Prozent der türkisch-stämmigen Schüler gehen immer noch ohne Abschluss von der Schule. Was machen wir mit all diesen Menschen?«

Gute Frage, Semih.

Ein paar Wochen später fand nun also das von Semih organisierte Event »Schriftsteller treffen Rapper« statt. Ich war ein bisschen aufgeregt. Etwa 80 Leute waren gekommen. Leute aus dem Kiez, Sozialarbeiter, Jugendliche, Lehrer. Es war ein Raum in einem alten Fabrikgelände in einem Hinterhof der Fidicinstraße. Jeder machte seinen Auftritt. Zwei Autoren und zwei Rapmusiker. Danach kam es zur Diskussion. Ich wurde gefragt, warum ich ›Türken-Sam‹ geschrieben hatte.

»Weil ich nicht rappen kann.«

Da richtete eine Frau eine Frage an mich.

»Herr Gülay, ich arbeite seit 20 Jahren in der Sozialpädagogik. Kriegt ihr Türken überhaupt noch mit, wenn euch Deutsche mögen?«

Ich verstand gar nicht, was sie meinte. Ich verstand nur: Ihr, euch, Türken. Als wäre ich etwas unterbelichtet. Im Hintergrund schrie jemand, der offenbar betrunken war: »Hör doch auf, hier so 'n Scheiß zu reden!«

Ich antwortete der Dame:»Was meinen Sie damit? Was merke ich nicht?«

Sie wiederholte ihre Frage:»Merken Sie nicht mehr, wenn ein Deutscher Sie mag? Seid ihr immer gleich verletzt?«

Ich wurde jetzt wohl tatsächlich etwas aggressiv. Wahrscheinlich musste ich die Dame ungewollt irgendwie eingeschüchtert haben. Jedenfalls errötete sie und sagte nichts mehr im Verlauf der Diskussion.

Erst am nächsten Tag fiel mir auf, dass sie diese Frage gar nicht böse gemeint hatte. Und hatte sie nicht recht gehabt? Hatte ich nicht völlig falsch reagiert? Viel zu impulsiv und ungerecht? Merkte ich überhaupt noch, wenn mich jemand, der kein Türke oder Araber war, mochte? Hatte ich nicht immer das Gefühl: Die Deutschen mögen mich *alle* nicht? Ich hatte ja meine Geschichte erzählt,»die Geschichte einer Kränkung«, wie die Berliner Zeitung schrieb, und plötzlich merkte ich, wie sehr ich unter Spannung stand. Ich verstand, dass ich tatsächlich bei jeder Kleinigkeit auf die Palme ging. Dass ich misstrauisch war und voreingenommen. Da stellte ich mir die Frage einmal selbst: Sag mal, Alter, merkst du noch was?

Nach der Veranstaltung kamen einige Jugendliche, und ich merkte immerhin, dass sie sich gern das Buch kaufen wollten. Aber 14,90 Euro sind für sie sechs Döner. Davon können sie sich drei Tage ernähren. Ich habe ihnen die Bücher geschenkt. Semih sagte, dass mich jemand kennenlernen wollte. Ein junger Typ namens Challa. Ich gab ihm die Hand und erschrak. Er hatte eine Riesennarbe, die sich quer über seinen ganzen fast kahl geschorenen Schädel zog. Er bedankte sich artig, obwohl ich ihm noch gar nichts gegeben hatte.

Der Typ interessierte mich, und ich traf mich mit ihm.

Die Axt im Kopf

Challa ist 28 Jahre alt. Er ist in Berlin geboren und aufgewachsen in Kreuzberg. Er hat immer hier gelebt. »Ich
kann mich nur an diesen Bezirk erinnern«, sagt er. Einmal
arbeitete er in Spandau, als Maler. Andere Bezirke kennt er
gar nicht. »Hier fühle ich mich am wohlsten«, sagt Challa.
»Oder besser: in Sicherheit.«

Challas Eltern stammten aus dem Osten der Türkei. Sein
Vater kam 1969 mit den italienischen Gastarbeitern als einer
der ersten Türken nach Deutschland. Er war Staplerfahrer
bei Siemens und ist jetzt Rentner. Challa besuchte die jüdische Charlotte-Salomon-Schule. Es war eine Integrations-
schule, an der auch behinderte Kinder waren. »So sollten
wir lernen, Anerkennung zu geben und uns zu verstehen.«
Aber selbst dort hätten ihn manche Lehrer »als Ausländer
betrachtet, der anderen die Jobs wegnimmt«.

In der Zeit der Bandenkriege war er dabei, als sich die
Gruppen der Prince Jacques, Crazy Kick Brothers und Yil-
dizlar in Berlin regelrechte Schlachten lieferten. Challas großer Bruder war in der Gang der »36ers«. Durch ihn bekam
Challa Einblick in die Gangsterszene. »Das gefiel mir, so
kam ich dazu. Wir haben sechs Jahre lang Drogen verkauft
und viel Geld für andere verdient. Wir waren kleine Dealer
und machten Überfälle.«

Fazit: »Ich habe viele Freunde verloren, sie sind tot. Ein
anderer Freund ist im Knast – er hat einen Thailänder mit
einer Baseballkeule erschlagen.« Challa selbst hat mehr als
ein Dutzend Schläge mit einem Hammer auf den Kopf bekommen – und überlebt. Ein andermal steckte eine Axt in

seinem Schädel. »Das war ein Deutscher«, sagte Challa. Der sei für diese Tat nur zwei Wochen in U-Haft gewesen. »Ich hab einfach zu viel Scheiß gebaut«, sagt Challa. Bis er geschnappt und zu zweieinhalb Jahren verurteilt worden sei. »Dann habe ich sozusagen die Fronten gewechselt. Die Polizei hat mich gefragt, ob ich Vorträge in Sachen Gewaltprävention halten würde.« Kaum war er frei, drangen seine alten Freunde in seine Wohnung ein und misshandelten ihn. »Die Leute machen mich heute noch an, als wäre ich etwas Besseres. Aber ich mache ja auch etwas Besseres«, sagte Challa.

Challa hat sehr kurze Haare, die Seiten ausrasiert. Seine Kopfhaut ist übersät mit Narben. Über seiner Stirn klafft diese Lücke im Haar, dort, wo die Axt gesteckt hatte.

»Die Schwierigkeit ist, dass du weiter im alten Umfeld lebst. Ich habe komplett abgeschlossen mit dem Thema, es interessiert mich nicht mehr, aber die Leute um mich herum machen immer noch das Gleiche, und es ist schwierig, dagegenzuhalten. Eigentlich sollte man wegziehen. Aber wo bekommst du in Charlottenburg eine Wohnung für den Hartz-IV-Satz?« Und dann sagt Challa Sätze, die ich nur zu gut kenne.

»Ich hatte eine Freundin, die war Model. Ich konnte ins Adlon gehen und Sekt aufs Zimmer bestellen, das Leben war geil.«

Challa sieht auf den Boden.

»Heute bin ich ein Niemand.«

Genauso ist es. Man sollte darüber einmal nachdenken. Wir haben überall in Deutschland Frauenhäuser. Aber kaum Programme, wie wir solche Jugendliche aus ihrer alten Umgebung herausführen können. Wo sie als Aussteiger als »Pussies«, »Waschlappen«, »Schwule« und »Verräter« beschimpft werden. Kann man sie nicht in anderen Städten unterbringen? In anderen Vierteln? In »Männerhäusern«?

Ich bin von Hamburg nach Berlin gegangen, weil ich schon über 30 war und die finanziellen Möglichkeiten hatte, um da rauszukommen. Vielleicht wäre ich in Hamburg wieder hineingeraten in den Strudel. Warum können wir nicht Männerhäuser gründen, um Leuten wie Challa in einer anderen Stadt einen neuen Anfang zu ermöglichen? Das gilt natürlich genauso für bio-deutsche Kinder, die in Marzahn oder im Frankfurter Bahnhofsviertel straffällig geworden sind und diese Viertel aus eigener Kraft nicht mehr verlassen können.

Ich kann Challas Gefühle bestätigen. Fast alle, die ich damals in Hamburg kannte, träumten davon, eines Tages auszusteigen. Unser Problem bestand darin, dass wir nicht wussten, wie wir das anstellen sollten. Vier Wochen auf dem Bauernhof bringen nichts. Wenn man zurückkommt, steht man vor der gleichen Situation.

Challa hat es über die Musik geschafft. Er ist Mitglied der Gruppe »K.O.Muzik«. Er gab einen Workshop in der Carl-von-Ossietzky-Schule, »wie so 'n Dozent«. Und er arbeitet ehrenamtlich als Streetworker im Wasserturm am Prenzlauer Berg.

»Ich suche Kinder, die das Messer zücken, weil ich ihnen was mitgeben will: Wer in der Kriminalität lebt, lebt in einer Welt aus Angst und Brutalität. Wenn du rauskommen willst, kommst du auch raus. Man kann immer was machen, es gibt immer Hoffnung.«

Challa richtete sich wieder auf, und wir verabschiedeten uns. Ich mochte Challa. Er wird es schaffen. Er hat es bereits geschafft.

Ich meine, manche Politiker sind vermutlich einfach naiv. Sie leben in einer anderen Welt und schauen mal eine halbe Stunde vorbei in der Problemschule. Niemand kann diese Jugendlichen beurteilen, die dort leben, wenn er selbst nicht dort lebt. Was machen sie denn? Sie integrieren sich doch!

Und zwar perfekt! Diese Jugendlichen integrieren sich in Armut, Kriminalität und in die Machtstrukturen der Viertel, in denen sie aufwachsen. Sie müssen sich sogar integrieren, weil sie sonst dort gar nicht überleben. Weil sie Opfer werden oder umgebracht. Sie nehmen die Fäkalsprache an und die Gewalt. Sie nehmen das Denken an und die Drogen. Sie haben gar keine andere Wahl, bis ihnen die Axt im Kopf steckt.

Es ist doch nicht so schwer: Wenn wir jemanden, der im Grunde wirklich ein netter Kerl ist, aber viel zu viel verbrannte Erde hinterlassen hat, da einfach rausholen und ihn in eine Schule oder ein Männerhaus in Zehlendorf oder in Göttingen stecken, dann werden wir in zwei Jahren einen ganz anderen jungen Mann erleben.

In Hungen nichts Neues, aber Laubach rockt

Von Renate Hampel, der älteren Dame aus Hungen bei Gießen, habe ich schon erzählt. Ihr Schwiegersohn Stefan Rusche hatte mich nach einer Lesung in Berlin angesprochen. Renate Hampel hatte in kürzester Zeit vier Veranstaltungen auf die Beine gestellt. Ich fuhr mit Stefan Rusche von Berlin Richtung Gießen.

Hungen, tiefste hessische Provinz, 13 000 Einwohner mit Eingemeindungen, einst höchste Kriminalitätsrate Deutschlands, Dönerbude, Spielhalle, leer stehende Gewerbeimmobilien, auch hier ein paar Fachwerkhäuser – und ein kleines Schloss. Darin wohnte Frau Hampel, und jetzt auch wir. Ihr Mann stellte sich als Adolf vor – der Erste dieses Namens, den ich in Deutschland kennenlernte. Adolf engagierte sich im Vertriebenenverband. Da möchte man meinen, man habe es mit einem gestandenen Rechtsaußen der CDU zu tun. Adolf und Renate waren in Hungen aber die Ersten gewesen, die sogar in ihrem Haus Gastarbeiter aufnahmen. Sie unterrichteten sie in der deutschen Sprache und versuchten schon damals, sie in die Hungener Gesellschaft zu integrieren – und das mit einigem Erfolg. Viele der Frauen, die Renate und Adolf Hampel gefördert hatten, sind gut in der deutschen Gesellschaft angekommen.

Zeitweise wohnten bis zu 20 Einwanderer aus Anatolien in ihrem Haus. Mietfrei, versteht sich. Adolf ist ein Mann, der einmal katholischer Priester im Vatikan war und sich aus Liebe exkommunizieren ließ. So kann man irren. Und es zeigt wieder einmal: Man muss sich schon begegnen, um einander zu verstehen. Renate und Adolf hatten ein türkisches Essen vorbereiten lassen.

Die Gesamtschule Hungen ist relativ gemischt. Nichts Neues. Die Ausländer blieben unter sich, die deutschen Kinder bildeten homogene Grüppchen – allen früheren wie heutigen Bemühungen von Adolf und Renate zum Trotz. Schwierige Veranstaltung, zähe Diskussion. Gutmenschdirektor, aber die Stimmung an dieser Schule war meines Erachtens bereits gekippt. Da war keiner der Jugendlichen mehr zu erreichen. Kein Interesse. Das war mein Gefühl. Eine traurige Atmosphäre, ein Egal-Gefühl, wen ich auch fragte. Draußen sprach ich ein paar Jugendliche an, die eher gelangweilt wirkten. Stylo-Typen. Darunter ein Italiener und ein Albaner.

»Ja, klar, ich mach so mein Ding«, meinte der Albaner.

Der Italiener sagte: »Ich geh nach Frankfurt und mach 'n paar Deals.«

Vielleicht war ich an diesem Morgen auch nicht gut drauf gewesen. Die Zeitung schrieb pflichtgemäß: »Es war eine angeregte Diskussion.«

Am nächsten Tag die Gesamtschule Laubach in der Nachbargemeinde. Wunderschönes Gelände, Wald, grün, ich wurde begeistert vom Direktor und von 200 Schülern in der Aula begrüßt: Da spürte ich sofort eine Energie. Eine Schule, wie sie sein sollte. Die Schüler nicht apathisch, sondern sympathisch, die Lehrer nett, da komme ich sofort gut drauf. Der Anteil an Deutschen größer als der Rest – wie es ja sein sollte.

»Okay, wer von euch hat türkische Freunde und Bekannte?«

Melden sich alle.

»Ich meine nicht den Ali, bei dem ihr eure Döner kauft. Einen türkischen Jungen oder ein türkisches Mädchen, das ihr zu eurem Geburtstag eingeladen habt.«

Alle Hände senken sich wieder.

»Gut. Wer von euch hat schon mal Scheiß-Kanake gesagt?«

Meldet sich keiner.

»Kommt schon, ihr seid doch offen und ehrlich, Jungs und Mädels, jetzt drückt euch mal nicht!«

Melden sich wieder fast alle.

»Okay, ihr wart ehrlich. Jetzt zu den Migranten. Wer von euch hat schon mal Scheiß-Deutscher gesagt?«

Melden sich sieben oder acht Dunkelhaarige, aber auch mehrere Blondköpfe.

»Wieso meldet ihr euch denn?«

»Wir sind Russlanddeutsche.«

Aha.

Hessen hat, soweit ich weiß, unter den westlichen Bundesländern so ziemlich den größten Anteil dieser Gruppe, mit allen Vorteilen und Problemen, die das mit sich bringt. Ich konnte sie natürlich nicht sofort von den bio-deutschen Schülern unterscheiden: Sie haben keine schwarzen Haare und keine Ölaugen.

»Und wer von euch kennt die Böhsen Onkelz?«

Melden sich wieder alle Deutschen, aber auch Migrantenkinder.

Diese Band kennt wirklich jeder an deutschen Schulen. Egal, ob Großstadt oder Provinz. Aber wie auch immer: Für mich war der Eindruck von dieser Schule sehr positiv. Selbstbewusste Jugendliche, kaum Gewalt. Die Gesamtschulen Hungen und Laubach liegen kaum eine halbe Stunde voneinander entfernt, und es trennen sie Welten.

Die Schüler in Laubach werden ihren Abschluss machen und ihren Weg gehen, auch die Migrantenkinder. Diejenigen Migrantenkinder, die das Pech haben, in Hungen zu leben, werden womöglich auf der schiefen Bahn landen.

So einfach ist das.

Renate Hampel war sehr begeistert. Als wir wegfuhren, hatte ich das Gefühl, die wenigen türkischen Migrantenkinder standen eng beieinander, ein wenig verloren vielleicht, und sahen mir fast traurig nach.

Wir sind Nordstadtler

Nordstadt, Gießen: bürgerliche Reihenhäuser mit Rhododendren in den Gärten und einem humanistischen Gymnasium auf der einen Seite. Geht man über die Straße, fängt's an. Türkischer Alevitenverein, Dönerbuden und Hochhausfassaden, die mich an den Lenzweg in Hamburg-Lokstedt erinnerten. Auf dieser Seite der Straße befindet sich auch das Jugendzentrum Nordstadt.

Es ist ein kleines, flaches Betongebäude. Dort empfingen mich am Morgen Renate Hampel und zwei Sozialarbeiter. Der kleine Saal war fast voll besetzt mit jugendlichen Migranten. Albaner, Türken, Araber, Kurden, Russlanddeutsche. Plötzlich schneiten aber noch ein paar sehr anders aussehende, konservativ gekleidete junge Männer und Frauen zwischen 20 und 30 herein. Ich fragte mich, ob sie sich von der anderen Straßenseite her verlaufen hatten.

Die Diskussion im Anschluss an die Lesung war recht lebhaft. Es meldeten sich aber nur die Migranten. Ich sah: Die meisten waren arm. Arm, benachteiligt, vielleicht 50 von Tausenden aus diesem Wohngetto, die den Willen hatten, da irgendwie herauszukommen, es aber nicht schaffen werden. Die deutschen jungen Männer und Frauen blieben still. Ihren Gesichtern war abzulesen, dass sie eher angewidert waren.

Ein junger Albaner, ein großer, kräftiger Typ von vielleicht 18 Jahren, wog das Buch in seiner Hand, in der anderen hatte er zwei Euro. 14,90 Euro sind nun mal fünf Döner, fünf Mal satt sein. Wenn ich eines verschenke, muss ich alle verschenken. Ich verschenkte alle. Draußen vor der Tür ging's wieder los.

Da waren vier türkische Jungs, die ich nicht auf der Lesung gesehen hatte. Ich stand mit einem kleinen Grüppchen herum, und sie gesellten sich dazu.

»Ah, du bist der Türken-Sam?«

»Ja. Und wer seid ihr?«

»Wir sind Nordstadtler.«

»Und was macht ihr so?«

»Angels. Angels. Wir wollen zu den Angels, das sind die besten. Angels«, wiederholte einer wie ein Mantra.

»Hells Angels?«

»Türkie Angels. Da hat man Macht, die halten zusammen. Keiner kann uns was.«

Ich habe mal gelesen, dass die Hells Angels einige Türken in Deutschland aufgenommen hatten. In Izmir gab es ein türkisches Chapter der Hells Angels. Inzwischen gibt es auch türkische Chapter der Hells Angels in Deutschland. Das ging sogar durch die türkischen Medien, und diese Jugendlichen hatten davon gehört.

So etwas spricht sich schnell herum. Klar. Wo es nach Macht und Respekt riecht, findet man auch türkische Jugendliche. Das hat für sie eine große Anziehungskraft. Wenn sich eine Organisation mit Präsident und einer hierarchischen Struktur positiv über Türken äußert und ihnen die Möglichkeit der Partizipation bietet, ist das für sie attraktiv. Es ist den Jugendlichen egal, ob die Organisation Hells Angels, Deutscher Fußballbund oder Commerzbank heißt. In dem Moment, in dem deutsche Chefs, Machthaber im weitesten Sinne, sie akzeptieren und ihnen zu verstehen geben: Eure Herkunft ist uns egal, wir sind gleich, sind sie gerne bereit, sich unterzuordnen. Das hat eine enorme Wirkung auf sie.

Offenbar haben die deutschen Motorradclubs den jugendlichen Migranten die Türen geöffnet. Auch das ist wieder eine Ohrfeige an die bundesdeutsche Gesellschaft: Wenn ihnen die Chefs und Vorstände der mittelständischen Unternehmen nicht die Türen öffnen, suchen sich die Jugendlichen andere Chefs. Die Jugendlichen, die in Nordstadt vor mir standen, waren schon verloren. Kinder, die in den Brunnen gefallen sind. Knirpse von vielleicht 12, 13 und 14 Jahren, und sie hatten die Kutte der Motorradgang praktisch schon an.

»Motorradfahren, Kutte tragen, Power!«
»Ey, Alter, voll cool.«
»Ihr müsst selbst wissen, was ihr tut«, sagte ich.
»Angels forever!«

Einer machte ein Victory-Zeichen, dann zogen die Jungs ihres Wegs. Ein Sozialarbeiter, ein junger Student, hatte die kurze Szene mit angehört.

»Ich kann mich total mit diesen Jugendlichen identifizieren. Ich weiß, wie das ist. Ich kann verstehen, warum die frustriert sind.«

»Nein, das weißt du nicht. Okay. Du versuchst, die Leute zu unterstützen. Aber du kommst aus einem bürgerlichen Elternhaus. Wenn's dir schlecht geht, kannst du zu Mama und Papa gehen und später erbst du das Reihenhaus. Sag so was nicht, schon gar nicht zu den Jugendlichen hier. Du bist gut behütet, und das wissen die auch.«

Darauf sah er mich mit großen Augen an. Ich kenne doch meine Bio-Mitdeutschen. Links sein, Solidarität, das ist alles sehr schön. Man kann die Welt prima retten, wenn man zu Hause immer eine Leberwurstbemme hat. Lebensversicherung, Bausparvertrag, Ferienhaus auf Mallorca. Diese Jugendlichen in Nordstadt haben überhaupt keine Rückendeckung. Man erkennt sie schon von Weitem. An den billigen Klamotten. An den Kampfhaarschnitten. Am schlechten Gangstarap-Geschmack.

Sie sehen überall gleich aus, vom Norden bis in den Süden. Sie erben gar nichts. Sie haben keine Zukunft. Wer aus der Nordstadt kommt, gilt in Gießen, der Studentenstadt, als Verlierer. So ist das. Ein reines No-Future-Gebiet. Lauter Überflüssige.

Aber es sind Menschen! Menschen mit guten wie weniger guten Charakteren, aber Menschen, verdammt. Ich weiß, das ist schwierig für das bürgerliche Establishment. Diese Jugendlichen passen nirgendwo hinein. Aber man muss mit ihnen reden. Dann sind sie nämlich absolut nett, interessieren sich für viele Dinge und sagen unisono: Gangster sein ist Scheiße. Sie kommen und hören zu, sie hoffen, und sie wollen eine Chance. Trotz Jugendzentrum und Sozialbetreuung kommen sie zu mir und fragen mich, wie sie's machen sollen. Wie sie aus der Kriminalität rauskommen, aus der ganzen Scheiße und aus Nordstadt. Ganz egal, welcher Nationalität sie sind. In Nordstadt hörten mir junge Albaner und Russlanddeutsche zu, deren Onkel oder großer Bruder ich nicht bin. Sie suchen einfach Vorbilder. Egal, welche.

Zurück in Hungen. Es stand noch die Abendveranstaltung im Ort an, die Renate Hampel organisiert hatte. Mit Bürgermeister, Geschäftsleuten, Fanfaren und allem Tamtam. Der Bürgermeister ließ das Buch für seinen Enkel signieren. Eine Sozialarbeiterin aus Gießen sagte, zwei Kolleginnen hätten ihr abgeraten, die Lesung zu besuchen. Sie hätten das Buch gelesen und seien der Meinung, der Autor verführe ihre Kinder nur zur Kriminalität.

Ich wusste gar nicht, dass es eure Kinder waren, die ich da in Nordstadt verführte.

Echt fiese Migranten

Ich muss an dieser Stelle auch mal eine ganz andere Geschichte erzählen. Sie spielt an einem ähnlichen Ort wie Gießen. Ich möchte die Stadt, den Mann und die Jugendlichen, um die es geht, gern anonymisieren. Aber ich erfinde hier keine Geschichten – eine solche Geschichte kann man gar nicht erfinden.

Es geht um einen leitenden Sozialarbeiter, etwa Mitte 50. Er habe sich, erzählte mir dieser Mann, viele Jahre um migrantische Jugendliche gekümmert. Im Rahmen seiner beruflichen Tätigkeit unternahm er eines Tages mit einer Gruppe türkischer und kurdischer Jugendlicher eine Reise nach Berlin. Es waren sechs Jugendliche. Sie wurden begleitet von zwei Sozialarbeitern. Das waren zu wenig. Bei solchen Reisen muss auf zwei sozial gefährdete Jugendliche normalerweise ein Sozialarbeiter kommen, das ist Usus. Also fragte man den Mann, ob er die Gruppe, die er nicht kannte, begleiten könne.

»Während der gesamten Bahnfahrt nach Berlin benahmen sich die Jugendlichen wie kleine Kotzbrocken. Sie machten ständig den Dicken, beschimpften andere Fahrgäste und drohten mir sogar, sie würden mir auf die Fresse hauen, wenn ich nicht das Maul hielte«, sagte der Mann.

Sie verwüsteten, meinte der Mann, das Abteil, pöbelten und wurden immer lauter. Es gelang den Sozialarbeitern nicht, sie zur Vernunft zu bringen.

»Aber kaum waren wir in Berlin angekommen, wurden sie plötzlich still. So klein mit Hut«, sagte der Mann und gestikulierte mit Daumen und Zeigefinger, »als hätten sie vor irgendetwas Angst.«

Tagsüber besuchte die Gruppe Sehenswürdigkeiten, machte eine Stadtrundfahrt, das Übliche. Es war Herbst, und es wurde früh dunkel. Und sobald sie abends im Hotel angekommen waren, trauten sich die Jugendlichen nicht mehr aus dem Haus. Nicht einmal über die Straße. Während der gesamten sechs Tage blieben sie im Hotel hocken. Sie besuchten kein Lokal, keine Diskothek – obwohl doch schon jede siebte Klasse in Berlin die Sau rauslässt, wenn sie Gelegenheit dazu bekommt. Warum nur?

»Weil sie nicht mehr in ihrem gewohnten Umfeld waren. Weil hier keine großen Brüder, Cousins und Onkels waren, die jeder kannte und vor denen man Angst haben musste«, sagte der Mann. Dafür terrorisierten die Jugendlichen jeden Abend, offenbar aus Frust, die hilflosen Sozialarbeiter sowie das gesamte Hotelpersonal und alle anderen Gäste. Sie hätten, erzählte er das Hotel ziemlich verwüstet.

Kaum war die Reisegruppe wieder am Heimatbahnhof angekommen, pöbelten die Jugendlichen ihre Betreuer weiter in gewohnter Manier an und beschimpften sie. Auf dem Bahnsteig wurden sie von ihren älteren Brüdern, Cousins und Onkels nämlich erwartet. Sie rannten zu ihnen hinüber und beschwerten sich über die Sozialarbeiter. Man hätte sie sechs Tage lang jeden Abend im Hotel eingesperrt.

»Ich hatte wirklich Angst«, sagte der Mann. »Angst, dass mich diese älteren Brüder und Cousins noch auf dem Bahnsteig verprügeln würden.«

Nur mit Mühe konnte er sie beschwichtigen.

Das ist eine Geschichte, die kein gutes Licht auf die türkischen Jugendlichen wirft. Ich glaube dem Mann. Es gibt sie. Es gibt viele dieser Jugendlichen, die echt fies sind. Es gibt sie überall auf der Welt. Er könne diese Jugendlichen an die Wand klatschen, sagte der Mann, aber er dürfe nicht. Dabei werde ständig nach noch mehr Sozialarbeitern gerufen, noch mehr Betreuung.

»Es gibt Jugendliche, da bringt es einfach nichts mehr.« Dieser Mann hatte ein Bedürfnis, mir diese Geschichte zu erzählen, die er, wie er sagte, mir eigentlich gar nicht erzählen durfte. Ich gab ihm den Rat, für diese Jugendlichen gar nichts mehr zu tun.
»Scheißen Sie drauf.«
Der Mann stutzte.
»Kümmern Sie sich um diejenigen, die das auch wollen und Ihnen Respekt entgegenbringen.«
Er sah mich ziemlich entgeistert an.

Wir geben viel Geld für soziale Projekte aus, die wenig bringen. Warum Segeln auf dem Sozialarbeiterschiff in der Karibik? Warum ein Sommercamp an der Ostsee? Ich sagte dem Mann, ich würde diese Jugendlichen in ein ostanatolisches Dorf bringen. Dort können sie sechs Wochen in einer Gastfamilie leben. In einem ostanatolischen Dorf würde sich keiner der Jugendlichen trauen, die Schnauze aufzureißen. Dort müssen sie sich anpassen. Auf dem Feld arbeiten oder hungern. Nach diesen sechs Wochen sollen sie sich entscheiden, wo sie leben möchten.

Ich weiß, liebe Freunde von der NPD und »Politically Incorrect«, das gefällt euch. Ich sehe einfach keine andere Möglichkeit. Und die Gelder, die für einen sechstägigen Berlin-Aufenthalt oder die Sozialtherapie unter Segeln aufgewendet werden müssen, wären den ostanatolischen Gastfamilien sicher willkommen.

Kaum Migranten, aber viele Probleme

Liborio Labita lud mich nach Mainz-Bingen ein. Er war der Vorsitzende des Beirats für Migration und Integration der dortigen Kreisverwaltung. Sizilianischer Hintergrund, mit einer deutschen Frau verheiratet, zwei Kinder. Ich konnte also, dachte ich, auf ein gewisses mafiöses Verständnis rechnen (natürlich ist das ein Scherz, lieber Herr Labita). Seine Frau hatte mich im Fernsehen gesehen.

Anfang Juni 2011 fuhr ich mit dem Auto über die wunderbaren Autobahnen der ehemaligen neuen Länder, mit denen der Westen einfach nicht mehr mithalten kann. In den ostdeutschen Städten und Provinzen, wo der Beruf des Herrenfriseurs zum aussterbenden Gewerbe zählt, weil man die Glatze ja auch mit dem Rasierer pflegen kann, fühle ich mich gelegentlich nicht sehr wohl, auf den Autobahnen aber ist man auf der sicheren Seite.

Der erste Termin war ein Auftritt bei »Gutenberg TV«, einem Kultursender in Rheinland-Pfalz. Das moderne Gebäude liegt in Mainz, ein wenig im Schatten des ZDF, wie ein kleiner Stiefbruder. SAT1 sitzt gleich daneben. Die Programmleiterin empfing und briefte mich über die Sendung. Ein einstündiges Format, innerhalb dessen ein Interview mit mir und dem Moderator stattfinden sollte.

Die waren wirklich sehr nett dort. Sie schienen von dem Buch angetan. Aber kaum betrat ich die Fernsehkulisse, sah ich Folgendes: Mein Buch stand auf einem kleinen Tisch vor dem Bild einer Gefängniszelle mit dicken Gitterstäben. Prima. Also wieder nur die Gangstergeschichte daraus; hatten sie das Buch wirklich gelesen? Darin stand doch, dass ich noch nie ein Gefängnis von innen gesehen hatte.

»Was für ein Glück, dass Sarrazin kein charismatischer Redner ist. Hätte jemand wie Herr zu Guttenberg dieses Buch geschrieben, hätten wir wirklich ein Problem«, sagte der Moderator. So hatte ich es noch nie betrachtet, und ich musste ihm glatt beipflichten. Er sagte das allerdings vor der Sendung. Das Interview dauerte nur acht Minuten. Dazu muss man sich eine halbe Stunde schminken lassen, und ich dachte noch, Alter, wie zugekleistert ist der denn. Meine nächste Station war das Oppenheimer St.-Katharinen-Gymnasium. Das war wieder so ein gutbürgerlicher Hort der westdeutschen Provinz mit einem Migrantenanteil gegen Null. Im Flur kam mir ein jüngerer Mann mit meinem Buch unter dem Arm entgegen. Das war der Vizedirektor. Wir marschierten in eine Klasse mit 24 Schülern, ein Deutsch-Leistungskurs der Oberstufe. Die Lehrerin sah aus wie Mitte 20. Einer der Jugendlichen stach mir ins Auge. Groß, Popperfrisur, Polohemd, teure Uhr, ein zu-Guttenberg-Typ, dachte ich, weil der mir noch im Kopf herumspukte. Einen Migranten konnte ich nirgends entdecken. Meine erste Standardfrage brachte gleich das gewünschte Ergebnis.

»Wer von euch hatte denn schon mal Probleme mit Migranten?«

Es meldeten sich 14 Schüler, obwohl es doch kaum Migranten in Oppenheim gab.

Diese Schüler taten mir leid. Es waren alles nette Kinder, sie waren in einer ordentlichen Gegend aufgewachsen, und sie hatten beinahe alle schon schlechte Erfahrungen mit jungen Migranten gemacht. Ich hatte erwartet, dass es in dieser Schule eigentlich kaum Probleme geben und ich eher neugierig wie ein Exot betrachtet werden würde. Ich hatte zu keinem Zeitpunkt das Gefühl, irgendeiner Ausländerfeindlichkeit gegenüber zu stehen. Ich spürte vielmehr ein Verlangen danach, mit jungen Türken oder Arabern friedlich zusammenzuleben. Sie berichteten aber, wie sie immer wieder aggressiv angegangen worden waren.

Einige Beispiele.

Ein Junge erzählte, er wohne in Mainz nahe einem von Migranten bewohnten Viertel, und er sei heilfroh, dass er jetzt in Oppenheim ist, wo er seltener auf ausländische Jugendliche trifft. Er sei in Mainz oft »angemacht« worden.

»Mach doch Kampfsport«, sagte ich.

»Mach ich ja, seit einem Jahr. Aber was ist, wenn jemand ein Messer zieht?«

»Da gibt es nur zwei Möglichkeiten. Weglaufen oder selbst ein Messer ziehen. Wenn du ein Messer ziehst, bekommt der andere meist Schiss und merkt, dass du kein Opfer bist. Sie sind nur so lange stark, solange sie glauben, dass du schwach bist.«

Ich sah, wie sich das Gesicht der Lehrerin verfinsterte. Ich dachte: Jetzt hab ich die Scheiße am Back. Rufe hier offen zur Gewalt auf und so. Das werden sie mir wieder reinreiben.

»Ja, mein Freund hat auch immer ein Messer dabei. Und ich habe Quarzhandschuhe. Also Handschuhe aus Metall.«

Ich wusste gar nicht, was das ist, und dachte an eine Ritterrüstung. Da mischte sich die Lehrerin endlich ein. Wie ich denn bloß ihren Schülern raten könne, ein Messer zu tragen.

»Und was ist, wenn der andere sehr gut mit dem Messer umgehen kann?«, bohrte der Jugendliche weiter.

Ich war in die Zwickmühle geraten.

»Ist es nicht so, dass eher etwas passiert, wenn man ein Messer dabeihat?«, rief ein Mädchen.

Tja. Da hatten sie recht. Die Lehrerin konnte sich kaum halten und wurde wütend.

»Ich bin oft in Neukölln und habe einen Südländer als Freund. Ich hatte nie Probleme in Neukölln. Als ich Ihr Buch gelesen hatte, bekam ich aber plötzlich Angst vor den

Türken. Ich mochte sie und hatte gleichzeitig Angst«, sagte die Lehrerin.

»Sie sind auch nicht das potenzielle Opfer mit einem Südländer an der Seite«, sagte ich.

Nun warf der stellvertretende Schulleiter ein: »Wenn ich auf dem Rummel mit meinen Kindern unterwegs bin, habe ich auch Angst.«

»Darüber müssen wir noch mal reden, aber alleine«, sagte die Lehrerin.

Ich entschuldigte mich wegen des Messers. Wir einigten uns auf ein Pfefferspray. Die Lehrerin schien zufrieden. Auch der stellvertretende Schulleiter nickte. Eine Schülerin fragte, wie sie sich denn verhalten solle, wenn sie als Mädchen von jugendlichen Migranten belästigt werde.

Ich erzählte eine Geschichte.

Meine Freundin saß in der Berliner U-Bahn neben einem blonden jungen Mädchen. Es kamen sechs junge Türken rein. Maria ist Griechin, dunkelhaarig und spricht ein wenig türkisch. Nennen wir die beiden einfach das dunkelhaarige und das blonde Mädchen. Das dunkelhaarige Mädchen verstand also sofort, dass die Jugendlichen sich über sie unterhielten. Zwei geile Schlampen. Mann, haben die Hupen, so was. Maria war selbst gerade 19 Jahre alt. Der mutmaßliche Anführer der Truppe kam zur ihr und fragte: »Wer bist du denn, wie heißt du?«

»Ich heiße Maria.«

Allein die Tatsache, dass sie ihm geradeheraus und nett geantwortet hatte, nahm dem Jugendlichen offenbar seinen Machowind aus den Segeln. Im nächsten Moment sprachen zwei andere Jugendliche das blonde Mädchen an. Dieses reagierte gar nicht und sah weg. Nach einigen weiteren Provokationen sagte sie: »Nervt mich nicht, verschwindet.« Etwas in der Art. Das heizte die Jugendlichen an. Sie wurden immer aggressiver, betatschten und bedrängten das Mädchen. Zur gleichen Zeit führte Maria so etwas wie ein ganz normales Gespräch unter Jugendlichen mit dem Anführer. Er fragte nach ihrer Telefonnummer, die sie nicht herausgab, aber sie ließ sich seine geben.

In der nächsten Station drängte sich das blonde Mädchen durch die Gruppe ihrer Belästiger hindurch und sprang aus dem Waggon. Als die Türen zugingen, zeigte sie den Jugendlichen einen Fuck-Finger. Plötzlich rasteten die Jugendlichen aus. Sie zerschlugen ein Türfenster, die U-Bahn blieb stehen. Offenbar hatte der Fahrer den Knall gehört. Das Mädchen rannte los. Die Jugendlichen öffneten die Tür gewaltsam, und alle sechs rannten dem Mädchen hinterher. Niemand, weder im Abteil noch auf dem Fahrsteig, unternahm etwas dagegen. Zivilcourage wird nicht großgeschrieben in Berlin, und vor sechs wild gewordenen Türken, seien sie noch so jung, hat die Gesellschaft einfach Angst.

Was wollte ich damit sagen?

Ich habe der Schülerin in Oppenheim diese Geschichte erzählt, um ihr die Wahl zu lassen. Willst du das blonde Mädchen sein oder das dunkelhaarige? Es gibt mehrere Möglichkeiten, wie man einer solchen – zugegeben beknackten – Situation begegnen kann. Natürlich ist es schlimm genug, dass so etwas überhaupt vorkommt, und natürlich gibt es keine Garantie dafür, dass die Sache gut ausgeht. Aber ich dachte, vielleicht kannte sie die Maria-Möglichkeit noch gar nicht.

Da sagte die Schülerin: »Aber wenn wir gar keine Lust haben, mit diesen Typen zu reden? Warum soll ich gezwungen sein, überhaupt mit ihnen zu reden?«

»Dann verhalte dich eben wie das blonde Mädchen. Natürlich hast du recht. Aber diese Situation kommt nicht jeden Tag vor. Es ist eine Ausnahmesituation. Und vielleicht ist es in einer solchen Situation besser, sich mit Schauspielerei daraus zu befreien.«

Sofort kam der klassische Zigarettenfall auf. Halb totgeschlagen wegen einer Zigarette, lese man ja immer wieder in den Zeitungen. Totgetreten wegen 20 Cents. Ja, warum, frage man sich da. »Mich hat einmal ein Türke nach einer Zigarette gefragt«, sagte einer der Schüler. »Ich merkte, der war auf Stress aus. Ich hatte aber gar keine Lust, mit ihm überhaupt zu reden. Ich will mit diesen Leuten gar nichts zu tun haben …« »Okay. Aber was, wenn du ihm einfach sagst: Bruder, ich rauche nicht. Oder: Mann, ich rauche nicht, wenn dir das lieber ist. Aber wenn ich eine Zigarette hätte, würde ich dir gern eine geben.«

Ich behaupte mal, in 95 Prozent dieser Fälle würde der türkische Jugendliche jetzt Ruhe geben. Vielleicht geht es ihm auch gar nicht um die Zigarette oder um 20 Cent. Sondern nur um einen Grund, eine Eskalation hervorzurufen. Er will sich im Recht fühlen und wegen einer flapsigen Reaktion oder Nichtbeachtung rächen – für eine ganz andere Situation, in der er selbst gekränkt wurde.

Ich sagte den Jugendlichen, in einer U-Bahn oder auf der Straße könne man sich eben nicht auf andere verlassen, nur auf sich selbst. Der Junge sagte dazu nichts.

Am Ende fragte eine Schülerin: »Aber Herr Gülay, wollen Sie nicht mal fragen, wer denn auch gute Erfahrungen mit Ausländern gemacht hat?«

Klar. Natürlich.

Es meldeten sich alle. Ich fand das einen versöhnlichen Schluss nach einer emotional sehr aufgeladenen Diskussion, in der auch ich Fehler gemacht hatte und plötzlich wieder an meine Grenzen gestoßen war. Nobody is perfect. Ich umarmte die Lehrerin. Etwas widerwillig ließ sie es sogar zu.

Das Fachpublikum verprügelt mich

Am Abend fand eine Veranstaltung statt, die der Beirat im Kulturzentrum Ingelheim-Ost organisiert hatte. Lesung und Diskussion. Da kamen Beiratsmitglieder, Lehrer, Kommunal- und Landespolitiker aller Parteien sowie die Vorsitzenden der örtlichen Alevitenvereinigung und der DITIB, der Türkisch-islamischen Union der Anstalt für Religion. Also Fachpersonal. Rund 50 Leute. Ich las das Kapitel über die sechs Generationen, das ich an dieser Stelle noch einmal wiederholen möchte, ganz einfach weil sich diese Einteilung als nützlich erwiesen und sehr oft zum allgemeinen Verständnis beigetragen hat:

»Wenn wir heute von jugendlichen Deutschtürken reden, sprechen wir immer von der dritten Generation. Ich glaube aber, dass wir mit diesem Begriff nicht weiterkommen. Denn so wie ich die Dinge sehe, gibt es bereits sechs Generationen von Türken in Deutschland. Ich betrachte diese Unterscheidung für das allgemeine Verständnis als sehr wichtig. Und weil man in Deutschland ja jeder Generation gern einen Namen gibt, will ich sie auch gleich benennen:

1. *Generation Facharbeiter*. Leute, die in der Türkei bereits etwas gelernt hatten oder hier zu Facharbeitern ausgebildet wurden, wie mein Vater. Für diese Leute, die sich etwas aufgebaut haben, die sparten, Einzelhändler und Unternehmer wurden, steht vielleicht ein Mann in Deutschland ganz besonders: Vural Öger, der das äußerst erfolgreiche Reiseunternehmen Öger-Tours gegründet hat. Ich nenne diese Generation *Generation Öger-Tours*.

2. *Generation Drecksarbeiter*. Das waren Arbeiter, die nur

73

noch als Billigkräfte eingesetzt wurden, die aus rückständigen Dörfern in Anatolien kamen und die doch arbeitsame und strebsame Leute waren. Ihre Arbeitswelt hat Günter Wallraff beschrieben. Das ist die *Generation Ganz unten*.

3. *Generation Kinder der Facharbeiter*, meine Generation der heute 35- bis 45-Jährigen. Sie wurden zumeist in Deutschland geboren, haben Berufe erlernt, Abitur gemacht und studiert. Immerhin 20 000 dieser Generation sind laut ›Spiegel‹ Akademiker geworden. Ärzte, Rechtsanwälte, Manager, Schauspieler. Es ist die *Generation Chance*.

4. *Generation Kinder der Generation Ganz unten*. Sie sind zumeist nachgezogen und kamen oft erst mit 14, 15, 16 oder 17 Jahren nach Deutschland. Sie haben nicht selten keinen Schulabschluss, bekamen keine Jobs mehr und saßen kulturell von Anfang an völlig zwischen den Stühlen. Viele wurden gewalttätig und kriminell. Ich möchte sie nach dem Buch des deutschtürkischen Schriftstellers Feridun Zaimoglu die *Generation Kanak Attack* nennen.

5. *Generation Kinder der Generation Kanak Attack*. Sie sind heute zwischen zehn und zwanzig Jahre alt. Allzu oft mit Sozialhilfe und Hartz IV aufgewachsen, sind 72 Prozent der deutschtürkischen Jugendlichen nicht mehr ausreichend qualifiziert, haben die schlechtesten Noten der Pisa-Studie und die höchsten Kriminalitäts- und Arbeitslosenzahlen. Ich nenne sie nach dem Film von Züli Aladag *Generation Wut*.

6. *Generation Kinder der Generation Chance*, also unsere geborenen und ungeborenen Kinder, und diese Generation würde ich gern noch mit einem Fragezeichen versehen: *Generation angekommen?*

Da sehe ich die Dinge doch positiv und freue mich mal über die *Generation Chance*. Also meine Generation, nach offizieller Lesart die zweite Generation. Viele dieser Generation haben es irgendwie geschafft – natürlich mit Ausnahme von mir. Mein Cousin, der Bauingenieur, meine Cousine, die Ministerin in Baden-Württemberg. Aber was lese ich plötzlich im ›Spiegel‹?

Die wandern aus? Die hauen alle ab? Wieso das denn? Laut ›Spiegel‹ will fast die Hälfte der qualifizierten Deutschtürken ins Ausland, weil sie hier immer weniger Jobs bekommen. Nicht aus rassistischen Gründen, sondern weil es überhaupt schwieriger geworden ist. Sie ziehen wieder mit ihren kinderlosen deutschen Altersgenossen und Unikommilitonen gleich, die ebenso ins Ausland abwandern, weil sie dort bessere Jobs bekommen. Hinzukommt, dass man vom Ausland aus das BAföG nicht zurückzahlen muss. Aber gut.

Und wer bleibt? Die *Generation Kanak Attack*. Sie geht nicht ins Ausland, weil sie gar nicht die Bildung dazu besitzt. Sie kehrt auch nicht zurück in die Türkei, weil sie dort fremd ist. Und wenn die *Generation Chance* zu einem großen Teil auswandert, nimmt sie ihre Kinder mit. Zurück bleibt also die *Generation Wut*. Und was bleibt der *Generation Wut*? Kriminalität und Religion.

Nein?

Wut minus = Kriminalität und Fundamentalismus.

Einfache Gleichung, oder?«

Vielleicht sollte ich doch Gleichstellungsbeauftragter der Bundesregierung werden. Aber keine Angst, liebe geförderte deutschtürkische Quoten-Landsleute in den gut bezahlten Ämtern, ich habe daran gar kein Interesse, und selbst wenn ich wollte, würde mir niemand den Job geben.

Schmähungen aus dem Publikum. Ich würde die Türken schlechtmachen. Verunglimpfen. Es waren drei Leute, die auffällig schlechtes Deutsch sprachen. Ein echtes Ützülgebrützül. Ein Alevit regte sich darüber auf, dass er sich und seine Töchter in meiner Einteilung gar nicht wiederfände, und fühlte sich persönlich angegriffen. Seine Töchter seien beide auf dem Gymnasium und sehr erfolgreich. Natürlich. Die hatte ich aber auch erwähnt. Der Mann, stellte sich später heraus, war einer der Linksintellektuellen, die im Zuge des Militärputsches in der Türkei nach Deutschland geflohen waren.

Recht hat er. Denn eigentlich gibt es noch eine siebte Gruppe, die ich in dieser Generationen-Einteilung nicht erwähnt habe. Das sind die vielen Tausend politisch Verfolgten, die nach dem Militärputsch in der Türkei 1982 nach Deutschland flohen und um politisches Asyl baten. Menschen wurden auf offener Straße erschossen. Es herrschten anarchische Zustände und ein veritabler Bürgerkrieg zwischen politisch rechten und linken Lagern. Das Militär übernahm die Macht und führte regelrechte Säuberungsaktionen unter den Links- wie Rechtsintellektuellen des Landes durch.

Unter den sogenannten Linksintellektuellen befand sich auch ein Onkel von mir, der zu dieser Zeit über die österreichischen Alpen nach Hamburg gelangte, mit nichts als einem T-Shirt mitten im Winter. Er wohnte dann eine Weile bei meiner Mutter, seiner Schwester. Es kamen also nicht nur Bauern und Anatolen nach Deutschland, sondern auch durchaus gebildete Menschen und moderne Großstädter. Deren Kinder sind heute natürlich überdurchschnittlich oft auf deutschen Gymnasien zu finden. Ein anderer Einwanderer dieser Generation ist mein Bäcker in der Potsdamer Straße. Er war Schriftsteller in der Türkei. Seine Tochter und sein Sohn sind auf ihren Gymnasien recht erfolgreich.

Der Imam des DITIB, der sich im Publikum befand, beschwerte sich ebenfalls. Er lobte sich selbst über den grünen Klee, er sei seit 17 Jahren in Deutschland und erfolgreicher

Unternehmer. Er zahle Steuern und habe sogar deutsche Angestellte. Aber es störe ihn zutiefst, dass ständig die Polizei
in seiner Moschee auftauche und behaupte, sein Sohn und
dessen Freunde seien in irgendwelche »Sachen« verwickelt.
»Immer haben wir Türken an allem Schuld«, sagte der
Mann. »Das nervt.«

Nachdem er mich zu Ende lesen ließ und die Diskussion
darauf kam, ob denn in Deutschland nun die deutsche oder
die türkische Sprache für die Migranten wichtiger wäre, ermahnte er mich mindestens ein Dutzend Mal, ich solle endlich ordentlich Türkisch lernen. Ich finde aber, lieber Imam,
in meinem Fall die deutsche Sprache tatsächlich wichtiger.
Man wird in diesem Land nur dann anerkannt, wenn man
die Sprache wirklich beherrscht. Das ist auch in Frankreich
oder England nicht anders. Meiner Erfahrung nach freuen
sich die Menschen regelrecht, wenn sie merken, dass ich ein
ganz normales Deutsch spreche, vielleicht sogar noch mit
leichtem Hamburger Akzent. Ob in Hungen oder Hamburg.
Selbst am Telefon, beim Gespräch mit Callcentern und auf
Ämtern wird mir Sympathie entgegengebracht, als wären sie
dankbar dafür, dass ich so gut Deutsch kann – was ich schon
manchmal wieder lustig finde.

Fakt ist jedenfalls: Ich habe es als Migrant wesentlich
leichter, wenn ich in diesem Land aufgewachsen bin und
akzentfrei sprechen kann. Ich will damit auch einmal sagen:
Die Deutschen sind ja nicht alle Rassisten. Man wird nicht
ständig diskriminiert, weil man einen türkischen Namen
trägt. Im Gegenteil. Ob das im Krankenhaus ist oder bei
der Wohnungssuche. Man gibt mir gern eine Wohnung und
kauft sogar meinen Gebrauchtwagen, weil ich ein gutes
Deutsch spreche. Ich habe Tausende positiver Erfahrungen
gemacht. Ich muss nicht unterwürfig sein, ich kann völlig
selbstsicher auftreten, die Dankbarkeit ist da. Es gibt sehr
viele vernünftige Menschen in diesem Land. Die Sprache ist
allerdings das A und das O. Selbst bei einem wie mir funktio-

niert das. Diese Sprache erlernt man aber nicht auf elenden Migru-Schulen und in türkischen Kindergärten.

Eine ältere türkische Dame monierte, die Deutschen seien gar nicht bereit, mit den Türken zusammenzuleben. Immer wieder würde sie zu gemeinsamen Veranstaltungen aufrufen und Deutsche dazu einladen, aber bis auf wenige käme da niemand. Sie sei darüber sehr enttäuscht. »Integration darf nicht einseitig stattfinden«, sagte sie. Das sei ihre Erfahrung aus 40 Jahren Integrationsarbeit. Sie schließe daraus, dass die Gesellschaft nicht wirklich bereit wäre, die Migranten aufzunehmen. Eine deutsche Muslima, die ein Kopftuch trug, beschwerte sich darüber, dass sie mit diesem Outfit keinen Arbeitsplatz bekomme.

Unter den deutschen Zuhörern bedankten sich einige für dieses Buch, das sie auch fleißig kauften. Am Ende saßen wir alle im Kulturzentrum beim Essen zusammen, währenddessen mich der DITIB-Vorsitzende weiter unermüdlich ermahnte, mein Türkisch zu verbessern. Der Alevit und der DITIB stritten sich, worüber weiß ich nicht, kann ja kaum Türkisch. Ein älterer Herr, der in einem Zwischenruf gesagt hatte:»Ja, die Russen sind doch auch nicht besser«, kam zu mir und meinte, ich solle in Zukunft doch bitte erwähnen, dass Aleviten auch Muslime seien.

Am nächsten Mittag war ich mit Liborio Labita essen. Er bekam einen Anruf und sah danach sehr besorgt aus. Es war jemand aus der Moschee gewesen, in der der DITIB-Vorsitzende als Imam fungierte. Man habe ihn in diese Moschee zitiert, sagte Labita.

Dort war man wohl mit der Veranstaltung und meiner Person nicht ganz zufrieden gewesen. Der arme Mann.

Berufsschule Bingen, am nächsten Morgen. Das war kein bürgerlicher Hort. Die Schüler kamen eher aus den unteren

Gesellschaftsschichten, und dort fanden sich auch einige junge Migranten. Die ›Allgemeine Zeitung‹ – Ausgabe Bingen – der Rhein-Main-Presse vom 15. Juni 2011 berichtete:

Türken-Sam steht Rede und Antwort. Cem Gülay liest aus seinem Buch und zeigt Wurzeln des Konflikts zwischen deutscher und türkischer Gesellschaft auf.

(cts). Er war ein Vorzeige-Türke: Perfektes Norddeutsch auf den Lippen, Abitur in der Tasche, deutsche Freunde. Cem Gülay entschied sich trotzdem für eine Gangster-Karriere. Als Buchautor stellt der geläuterte 41-Jährige an Schulen Fragen zu Integration und Migration. Nun las der Hamburger vor 60 Binger Berufsschülern.

»Wer von euch ist von einem Ausländer schon einmal dumm angemacht worden?« Einige der 60 Schüler in der Aula recken den Finger. Nur eine Handvoll versteht sich selbst als Ausländer. »Etwas in mir ist russisch, aber deswegen bin ich kein Ausländer«, versucht ein Schüler eine Erklärung. »Ich jobbe in einer Spielothek«, berichtet ein anderer. »Viele Türken reagieren dort so wahnsinnig schnell aggressiv. Das nervt.« »Und wer hat türkische Freunde? Wer ist zu Geburtstagsfesten bei Deutsch-Türken eingeladen?« Fast die Hälfte meldet sich. Und Jugendliche erzählen von der positiven Erfahrung starken Zusammenhalts in türkischen Familien.

Cem Gülay schaut zufrieden. Genau das ist sein Ziel: Nicht alle Ausländer, nicht alle Türken über einen Kamm scheren. Und er will die Wurzeln für den Konflikt zwischen deutscher und türkischer Gesellschaft aufzeigen.

Gülay wuchs als Sohn türkischer Eltern in Hamburg auf. Er besuchte das Gymnasium, war Schulsprecher. Nach dem Abitur entschied er sich für ein kleinkriminelles Milieu im Migrantenumfeld. Erst 2001 gelang der Ausstieg. Seither engagiert er sich für die Integration Jugendlicher. Gülays Biografie war Thema in Talkrunden. »Gerade erleben wir nämlich einen Rückschritt.« Nicht bei den türkischen Mädchen. Sie gelten als Integrationsgewinner.»Meine Cousinen durften früher gar nichts; heute macht eine als Ministerin für Integration Karriere.« Und die Jungs? Hier unterscheidet Cem Gülay sehr genau: Die Kinder der»Generation Kanak Attack« und die der»Generation Chance«.

Anschaulich schildert der Autor seinen eigenen Weg.»Ich habe die Parallelwelt statt Jura-Studium gewählt, da gab es klare Rollenvorbilder.« Eine Entscheidung ohne Schuldzuweisung an die deutsche Politik oder an die Eltern.»Ich wollte dazugehören, irgendwo dazu.« Und sei es zu einer zweifelhaften Hamburger Elite aus Gangstern. Der Autor warnt: Gewalt könne vor allem in den Großstädten eskalieren. Nach Lesungen am Oppenheimer St. Katharinen-Gymnasium und im Ingelheimer Kreistag reiste Cem Gülay nach Bingen.

Die Kooperation mit dem Migrationsbeirat des Kreises und der Stadt Bingen hat die Treffen ermöglicht. Das Buch ›Türken-Sam‹ greift die Lebenswirklichkeit junger männlicher Migranten in Deutschland auf. Durch die Sarrazin-Debatte erhielt Gülays Thema neuen Zündstoff. Deutschlehrerin Elisabeth Henn ist zufrieden mit dem Autorenbesuch an der BBS.»Um die Schüler zum Lesen zu bewegen, brauchen wir Themen, die sie interessieren.«»Türken-Sam« scheint die richtige Ansprache zu finden.

Danke.

Vielleicht doch ein Wort dazu: Auf dieser sehr ausgewogenen Berufsschule lernen Migranten und deutsche Schüler zusammen. Sie kennen sich, sie kommen aus der gleichen sozialen Ecke, sie machen die gleiche Lehre. Sie verstehen sich sogar. Das ist bei den Schülern des Leistungskurses Deutsch auf dem Gymnasium anders. Sie bleiben in der Regel unter sich und haben, außer gelegentlichen Anfeindungen, seltener etwas mit Migranten zu tun. Vor allem nicht in der Schule.

Sie haben also eher Konflikte mit Migranten als die Schüler der Berufsschule. Das sagt mir, dass es doch oft mehr ein soziales Problem zu sein scheint, als ein kulturelles. Das Bedürfnis allerdings, Konflikte zu vermeiden und die Hoffnung, dass es besser werde, ist auch auf dem St.-Katharinen-Gymnasium groß.

Sie verstehen nur nicht, warum sie die Angriffsfläche für Menschen sind, denen sie nichts getan haben und die sie gar nicht kennen. Nun könnte man sagen: Dann lernt sie doch kennen, dann kommt ihr vielleicht besser mit ihnen klar. Aber dazu müssen Strukturen geschaffen, dazu muss Aufklärung betrieben werden.

In Ingelheim-Ost wurde ich zum Aleviten

Eigentlich wollte ich mich heraushalten aus der Religionsdebatte, weil sie mich nervt. Der Islam ist wie der Euro. Niemand will ihn, aber man muss mit ihm auskommen. Jahrelang hat das politische Establishment wie die Medien Türken, Kurden, Aleviten, Kemalisten, Kommunisten, Sozialisten, Christen und so weiter in einen Topf geworfen, und auf dem Deckel stand: Islam. Noch heute können manche Journalisten Assads syrische Alaviten und türkische Aleviten nicht auseinanderhalten. Mit dieser Denkfaulheit kommt man aber nicht weiter.

Und eigentlich habe ich mich in Ingelheim-Ost, als der Vorsitzende des »Islamischen Verbands Türkisch-Islamische Union der Anstalt für Religion« (DITIB) sowie der Vorsitzende der regionalen Alevitischen Gemeinde zugegen waren, zum ersten Mal offiziell als Angehöriger der religiösen Minderheit der Aleviten geoutet. Ich will hier keine Wikipedia-Artikel abschreiben oder irgendwelche Historiker und Imame zitieren. Ich möchte nur erklären, was ich als Enkel zweier alevitischer Geistlicher, sogenannter Dedes, empfinde. Einer meiner beiden Großväter bekam sogar angeblich einmal einen Brief von Atatürk, dem Staatsgründer, der sich darin bedankte, dass mein Großvater bei der Trennung von Staat und Religion so vorbildlich mithalf.

Beide Großväter wohnten in der Provinz Malatya, einer bergigen Landschaft im Osten der Türkei, wo die Aprikose herkommt und wohin sich viele Glaubensbrüder der Aleviten zurückgezogen hatten. Ich sah einmal als Kind, wie sich mein Großvater mit seinem langen weißen Bart eine steile Klippe abseilte, ein über siebzigjähriger, knochiger Mann, der als einer der wenigen seiner Sippe lesen und schreiben konnte, und mir dabei zuwinkte. Was macht der Weihnachtsmann da an der Wand?, fragte ich meinen Vater – ich kam ja aus Deutschland.

Großvater war ein Mann, der Rat gab, der Streit schlichtete, der eine Vertrauensperson und der Hüter des Glaubens war. Er kannte die Rituale, man betete in einem Haus, das von den Aleviten Cem genannt wurde, vielleicht »Ort der Zusammenkunft«. Ich trage also einen alevitischen Namen. Bei uns zu Hause in Hamburg gab es keine Rituale. In Deutschland gab es aber die »Derneks«, das waren Kulturcafés der Aleviten, die mein Vater gelegentlich besuchte. Dabei nahm er mich oft mit, und ich hatte stets ein kleines Sparschwein unter dem Arm zu tragen; ich saß auf seinem Schoß, während mein Vater für die Neuankömmlinge unter den Einwanderern behördliche Papiere ausfüllte, wofür er sich fürstlich bezahlen ließ. Natürlich steckten seine Kunden, dankbar, wie sie waren, auch mir ein paar Münzen ins Sparschwein. Ich kann mich nicht daran erinnern, dass ich jemals den Inhalt des Sparschweins behalten durfte. Heute sehe ich übrigens bei türkischen Metzgern und Bäckern oft Sparkühe und Sparlämmer auf dem Verkaufstresen stehen, weil das Schwein im Islam ja politisch nicht ganz korrekt ist. Schon ein Plastikschwein ist Sünde, und wahrscheinlich kann man mit den lustigen Kühen einfach besser absahnen.

Religion spielte in unserem Haus keine Rolle. Religion und Staat waren getrennt, das hatten wir aus der Türkei so mitbekommen. Wir sprachen nicht über Gott und Religion. Als ich 14 Jahre alt wurde, verspürte ich eine starke Neigung, an Gott zu glauben. Ich begann, vor dem Einschlafen zu beten. Lieber Gott, bitte beschütze meine Familie, bitte beschütze ... und so weiter. Ich behielt das für mich.

Als ich Verbrecher wurde, mit Anfang zwanzig, habe ich mich bei Gott abgemeldet. Ich wusste, ich konnte nicht erwarten, dass er weiterhin für mich da sei. Das war meine Entscheidung.

Als ich wieder ein normales Leben führte und auszusteigen versuchte aus dem Teufelskreis, mit Ende zwanzig, bat ich ihn um Hilfe. Ich war total kaputt. Drogensüchtig, unglücklich, depressiv. Ohne den Glauben an Gott hätte ich es nie geschafft. Ich wusste, ich musste dafür büßen, was ich getan hatte, und das konnte viele Jahre dauern. Wenn ich zweifelte, half mir das und hielt mich am Leben.

Das ist für mich kein Gott, der einer bestimmten Religion zugehört. Es gab und gibt für mich einen Gott, und die Propheten wie Mohammed oder Jesus spielen für mich eine untergeordnete Rolle. Der jüdische Messias steht ja noch aus. Ich war sogar mehr geprägt von Jesus, denn der Islam spielte in der deutschen Öffentlichkeit damals keine Rolle. Ich fand, dass Jesus ein guter Mensch war. Aber warum hatte Gott ihm so schlechte Freunde mitgegeben wie Judas? Das waren Fragen, die mich als Kind beschäftigt hatten.

Im Zeitalter des Internet habe ich irgendwann einmal im Netz nach dem Wort Alevitismus gesucht. Ich fand Texte, die mich faszinierten. Ich las, dass der Alevitismus sehr viel mit dem Humanismus gemein habe und wenig missionarisch sei. Natürlich stellte sich auch die Frage: Ist der Alevitismus nun eine Form des Islam oder nicht? Das ist in Deutschland neuerdings eine Debatte. In der Türkei, wo die Aleviten eine unterdrückte Minderheit darstellen, ist es ein Tabu, darüber zu reden, und es wird dort ohnehin immer gefährlicher, sich als türkischer Nicht-Muslim zu outen.

Ich fragte einmal einen alevitischen Verbandsmenschen: Bist du Muslim? Er sagte: Nein. Andere sagen: Wir sind Muslime. Sie sind sich da wohl nicht ganz einig. Für mich habe ich die Frage entschieden. Ich war einige Male in Moscheen, und ich fühle mich dort nicht angesprochen. Ich fühle mich nicht als Muslim, und wenn ich deshalb in die

Hölle komme – dann ist das eben so. Genauso wenig, wie ich Lust darauf habe, Deutscher zweiter Klasse zu sein, möchte ich ein Muslim zweiter Klasse sein. Im Zuge der Islam-Debatte aber, an der sich die Bundesrepublik in der Islam-Konferenz sowie auf Länderebene kräftig beteiligt, fühle ich mich immer häufiger in eine religiöse Ecke gedrängt. Nicht nur von den Deutschen oder Christen, sondern von den Muslimen selbst.

Man muss sich, so kommt es mir oft vor, zu etwas bekennen. Zum Christentum, zum Alevitismus, zum Islam. Das geht auch vielen Jugendlichen so, die ich getroffen habe. Man zwingt uns Migranten, uns zu irgendeiner Strömung zu bekennen, zur Sunna oder zur Schia und so weiter. Die Jugendlichen sollen ständig Farbe bekennen. Einerseits müssen sie sich den Deutschen anpassen, andererseits sagt man ihnen zu Hause: Bleibt Türken. Sie sind hin- und hergerissen zwischen strengen Imamen, ultraliberalen Sozialarbeitern, rechtspopulistischen Hetzern und Rassisten, von allen Seiten zerrt und zieht man an ihnen und will sie vereinnahmen oder abschieben.

Auch ich fühle mich da gegängelt und in meiner Freiheit eingeschränkt. Das Paradox ist doch: Die gleichen Leute, die sich öffentlich dagegen wehren, sich in Deutschland zu assimilieren, und so laut auf ihre religiösen Rechte pochen, üben einen ständigen indirekten Druck auf mich aus, mich mit einer Religion gemein zu machen, und wollen mich am liebsten zum Islam hinüberziehen.

Das ist keine Kritik, die sich gegen den deutschen Bürger wendet, wohl aber gegen den deutschen Staat, der den islamischen Verbänden oft ein allzu großes Forum bietet. Ich dachte bislang, dass wir in einem säkularen Staat leben. Für mich ist und bleibt Religion Privatsache, und ich möchte mich da nicht weiter provozieren lassen. Viele der Jugendlichen beklagen sich bei mir über die religiösen Verbote, die sie einschränken und zu einem ständigen Spagat zwingen.

Man darf diesen ganzen selbst ernannten stellvertretenden Propheten, Predigern und Glaubenswächtern, egal, welcher Couleur und welchen Verbands, keinen zu großen öffentlichen Raum geben. Da sind Politiker wie Medien gefragt. Viele Jugendliche kommen damit einfach nicht klar, und sie haben weiß Gott genug Probleme.

Der Beste ist der Dumme

Es tut gut, zwischendurch wieder in Berlin zu sein. Man kann auf der Potsdamer Straße ein wenig Abgase einatmen, und die Probleme, die einem in den kleinen Orten fernab des Hauptstadttrubels so unlösbar erscheinen, relativieren sich ein wenig angesichts des Drogenstrichs der Kurfürstenstraße und eines wirklich kaputten Stadtbildes.

Ab und zu gehe ich dann in ein Wettlokal. Ich wohne ja in Berlin-Schöneberg, einem Stadtteil, der zu hohem Anteil von Türken, Arabern, Afrikanern, Bosniern, Serben, Polen und Russen bevölkert ist, und naturgemäß ist die Dichte von Wettbüros auf der Potsdamer Straße sehr hoch. Es sind insgesamt 12, ich habe sie gezählt. In den Wettbüros taucht man ab in eine eigene Welt. In keinem Bankhaus der Welt wird konzentrierter mit Zahlen gearbeitet als auf der Potsdamer Straße. Man kann auf alles wetten. Fußball, Pferde, Hunde, Eishockey. Wetten werden wild kombiniert, und man »sichert« sie mit Zusatzwetten ab, wenn »ein Faktor wackelt«.

Jeder Golfball zwischen Tokio und Los Angeles kann hier gehandelt werden, wie an einer Börse, solange der Buchmacher die Wette annimmt. Die Szene ist absolut international. Wetten ist die Globalisierung des kleinen Mannes, der armen Glückssucher, und zumindest hier hat die Integration in gewisser Weise stattgefunden: Die Handelssprache ist Deutsch.

Man kommt auch automatisch mit Jugendlichen in Kontakt. Man checkt sich ab, gibt eine Zigarette aus, und schon ist man im Gespräch. An diesem Tag saß ich mit vier Jungs in einer netten Runde. Sie hatten mich im Fernsehen gesehen und wussten von meinem Buch. Wir redeten über Politik und Integration. Sie gewannen Vertrauen zu mir, und sie sagten, was sie dachten.

Einer war der Wortführer. Sie alle waren Mitglieder einer Großfamilie, die aus Palästina stammte. Er wolle Anerkennung, Respekt, Macht, sagte er. So wie die Gangster, die ich beschrieben habe, obwohl er das Buch natürlich nie gelesen hatte. Er habe ungefähr 35 Cousins, und nur einer davon habe Abitur gemacht, sagte er. Sogar mit 1,7, und dieser Cousin habe mit Kriminalität nun wirklich nichts zu tun. Vielmehr habe er sich um eine Banklehre bemüht, aber bislang nur Absagen bekommen.

Der Typ lachte.

»Da siehst du, Bildung bringt auch nix.«

Ich fragte seinen kleineren Bruder, es war ein gut aussehender, smarter Junge von 18 Jahren: »Und was willst du machen?«

»Ich hab Bock auf Straßenschlachten. Gegen das System, gegen den Staat.«

Der Dritte im Wettbüro, auch ein Mitglied dieser palästinensischen Großfamilie, sagte, er lebe von Hartz IV und jobbe nebenher schwarz. Er sei damit eigentlich ganz zufrieden. Der Vierte im Bunde sagte zu seinem Cousin und Anführer: Nein, lass uns was anderes machen. Lass uns selbstständig werden. Egal. Autohandel, Kleinunternehmer, er wählte genau dieses Wort, und als letzten Ausweg könne man dann ja immer noch kriminell werden.

Ich fand das erstaunlich. Fünf Cousins und Brüder, fünf unterschiedliche Lebensentwürfe, oder zumindest Vorstellungen von Lebensentwürfen. Interessant fand ich auch, dass der Junge mit dem Einser-Abitur offenbar der Dumme war.

Er hatte in den Augen aller anderen 35 Cousins die Arschkarte gezogen.

»Ich finde eigentlich, dass wir echt Scheiße sind.«

Man muss nicht weit gehen, um den Problemen auf die Spur zu kommen. In meiner Straße in Berlin-Schöneberg nahe der Potsdamer Straße ist eine Schule. Jeden Tag sehe ich dort viele Migrantenkinder. Massen von Migrantenkindern, und ich frage mich manchmal, ob sie dieselben Probleme haben wie ich damals und was aus diesen Kindern wohl werden mag. Man sieht sie in Grüppchen beieinanderstehen. Da gibt es die Araberfraktion, türkische, kurdische und bio-deutsche Gruppen.

Es ist eine Schule des Christlichen Jugenddorfs (CJD). Hier gibt man Problemkindern eine zweite Chance. Man kann einen Hauptschulabschluss nachmachen und die Mittlere Reife. Auf diese Schule gehen Jugendliche, die in ihrer alten Schule zu viel Unterricht geschwänzt haben. Die vielleicht schon straffällig geworden sind. So was. Auf der Straße vor dem Eingang treffe ich Ahmed, 16, Onur und Martin, beide 14.

Ahmeds Eltern stammen aus Tunesien, Onur ist türkischer Herkunft. Martins Eltern sind aus der Mongolei nach Deutschland eingewandert. Alle drei sind in Berlin geboren. »Die meisten meiner Freunde hängen nur rum. Aber ich gehe jetzt regelmäßig in die Schule«, sagt Ahmed.

»Habt ihr hier Probleme mit den deutschen Schülern?«, will ich wissen.

»Ich will ja nicht unhöflich sein, aber gegen uns können die Deutschen nichts machen. Alle Ausländer halten zusammen. Wir sind zu viele. Aber wenn jemand aus einer anderen Schule Ärger macht, dann kämpfen wir mit den Deutschen zusammen gegen die andere Schule«, sagt Ahmed.

Das ist die erste Aussage, die mich verwundert. Türken und Araber haben sich bisher nicht gut verstanden. »Araber hassen die Türken und umgekehrt«, sagt der türkischstämmige Onur aus Kreuzberg. »Aber es ist besser geworden.«

»Und was denkt ihr von den Deutschen? Von der Politik? Findet ihr, ihr werdet gleich behandelt?«

»Ich finde eigentlich, dass wir echt Scheiße sind. Wenn die Deutschen sagen: Scheiß Ausländer, dann verstehe ich sie. Die werden überall geschlagen und abgezogen. Deswegen schlage ich jetzt keine Deutschen mehr«, sagt Ahmed.

Da muss ich mich wieder wundern.

»Ich glaube, das wird noch schlimmer. Bei uns in Neukölln gibt es immer mehr Deutsche und Nazis und immer weniger Ausländer. Viele Ausländer fliegen weg ...«

Das heißt im Jargon: Sie gehen in den Knast.

»... genau. Und die Deutschen greifen uns dauernd an«, sagt Ahmed.

Vielleicht, weil sie früher selbst verprügelt wurden, von euren älteren Brüdern?

»Natürlich, das ist so. Wenn ich zum Beispiel nach Spandau fahre, kriege ich direkt auf die Schnauze. Auch wenn ich nach Hause laufe in Neukölln, muss ich aufpassen. Im U-Bahnhof Rathaus Neukölln werden wir angegriffen. Die Mehrzahl gewinnt. Ich laufe nur noch mit anderen durch mein Viertel, wenn wir zehn oder 15 Leute sind.«

Onur wohnt in der Kreuzberger Prinzenstraße.

»Es geht noch bei uns«, sagt er.

Nur Martin blieb bisher verschont. Er hat mit seiner Familie viele Jahre in Hohenschönhausen gewohnt. »Da war gar nichts los. Die Deutschen, die Araber und selbst die Nazis mögen die Asiaten.«

Auch wenn es sich so sicher nicht pauschal sagen lässt: Studien zufolge gehören asiatische Einwanderer zu den am besten integrierten Migranten – und Türken zu den am schlechtesten integrierten. Es ist auch nicht ganz neu, dass sich Jugendliche mit Migrationshintergrund nur noch in der Gruppe raustrauen. Schon in den 80er-Jahren sind wir alle in die Kampfschulen gerannt, um für den Straßenkampf fit zu sein. Auch Ahmed hat geboxt, sagt er. Aber er traue sich heute nur noch mit Pfefferspray und Totschläger aus dem Haus. Und dann rückt er damit heraus. Erst seit einem halben Jahr habe er keine Anzeige mehr bekommen. Alle seine älteren Brüder waren schon im Knast. Ahmed ist vorbestraft. Er hat Raubüberfälle begangen.

»25 Dinger, da war ich gerade mal 14.«

Dann musste er ins Gefängnis. Sechs Monate, danach noch mal fast ein Jahr. Jetzt heißt es: Eine Woche Schule schwänzen bedeutet einen Monat Knast.»Plötze.« Da geht er lieber zur Schule. Der Knast habe ihn doch abgeschreckt. Aber warum kam es überhaupt so weit? Wollte er nur cool sein?

Er habe Schulden gehabt, sagt Ahmed.

Das läuft so: Die Älteren wissen, dass ein Junge unter 14 Jahren nicht strafmündig ist. Er kann also nicht in den Knast kommen. Dann sagen sie: Mach du den Überfall! Sie setzen die Kinder unter Druck. Mit Schulden, Gewalt oder psychologisch. Welcher Zwölfjährige kommt schon auf die Idee, mit vorgehaltener Pistole einen Kiosk oder eine Tankstelle zu überfallen? Und woher hat er überhaupt die Waffe bekommen?

Es kommt von den Älteren, die ihre Vorbilder sind. Die Kinder und Jugendlichen haben nämlich auch Angst. Wenn sie es nicht machen, stehen sie als Feiglinge da und werden selbst zum Opfer. Im Kiez gibt es Machtstrukturen, Leute, die die Straße kontrollieren. Von denen will man nicht gefressen werden.

Es herrscht wieder Krieg da draußen auf den Straßen, wie in den 80er-Jahren. Das ist ein Rückschritt. Und wenn die jugendlichen Migranten weiterhin auf ihrem armseligen Bildungsniveau stehen bleiben, wenn man sie weiter auf diese unsinnigen Hauptschulen schickt, statt diese endlich abzuschaffen, wird sich das nicht ändern, werden sie keine Chance auf einen Ausbildungsplatz haben – außer einer Ausbildung zum Gangster, wie ich einer geworden war.

Ahmed und Onur haben es schwer genug, nicht wieder auf die schiefe Bahn zu geraten. Onur möchte Autoschlosser werden. Dann könne er alte Autos kaufen, restaurieren und sie wiederverkaufen, hofft er. Martin weiß noch nicht. Vielleicht weiter zur Schule gehen. Ahmed will nach der Schule bei seinem Bruder arbeiten. Der hat die Mittlere Reife nachgemacht und jetzt einen kleinen Elektroladen eröffnet.

Hoffen wir, dass ihnen nicht wieder was dazwischenkommt.

»Stoppt Tierversuche! Nehmt Türken!«

Eine andere Methode, sich der Stimmung im Land zu nähern, ohne zu verreisen, ist das Netz. Man muss nicht einmal das Haus verlassen, um zu sehen, was Sache ist. Ich zum Beispiel treibe mich gern im Netz herum, und eine meiner bevorzugten Websites ist »Politically Incorrect«, kurz »PI«.

PI postet am 29. September 2010:

»Cem Gülay ist ein Vorzeigetürke in Deutschland. So etwas wie die geistige Elite mohammedanischer Migranten, denn er begeht nicht nur Verbrechen, sondern schreibt auch darüber. Aufgewachsen in Hamburg, Gymnasium mit Abitur, dann, na ja, etwas im Türken-Milieu abgerutscht, aber letztendlich mit seinem autobiografischen Buch Türken-Sam doch noch zum Liebling des Rotweingürtels geworden. Dort wo man am edlen Wilden eben auch besonders das etwas Wilde schätzt. Jetzt erhebt der Türken-Sam warnend die Stimme: Wenn die Deutschen weiterhin Menschen wie Thilo Sarrazin Meinungsfreiheit gewähren, könnte das ein böses Ende nehmen. Denn bald schon sind die Immigranten in der Überzahl, und dann gibt es Tote und Verletzte. Der persische islamkritische Blog Tangsir, immer einen Besuch wert, entdeckte das Videodokument.«

Der unbekannte Autor dieser erhellenden Zeilen bezog sich dabei auf eine Aufnahme des ZDF während der Frankfurter Buchmesse 2009. Dies war im Jahr vor Erscheinen des Buches von Thilo Sarrazin. Das Video konnte sich also gar nicht auf Sarrazins Thesen beziehen, es sei denn, man würde mir hellseherische Fähigkeiten attestieren. Ich finde diesen Kommentar sehr lustig. Vor allem die weiteren Kommentare, die er auf der Website (welche sich ja nicht zuletzt deshalb Politically Incorrect nennt, weil sie für sich beansprucht, die »unbequeme« Wahrheit auszusprechen) nach sich zog. Es waren immerhin 327. Viel Feind, viel Ehr.

Ich habe mir einmal den Spaß gemacht, eine Hitliste zusammenzustellen. Meine Top Twelve der Liebkosungen, mit denen mich die Kommentatoren auf PI bedacht haben:

12. Lächerlicher Wurstzipfel (durchaus schmeichelnd)
11. Ziegenbürster (etwas derb, aber oho)
10. Schmieriger asozialer Migrant (auf jeden Fall die unbequeme Wahrheit, werde in Zukunft weniger Schuhpaste verwenden, versprochen)
9. Ein Gesicht wie ein Romika-Schuh (Ich mag es, weil man sich noch an die Werbung des Romika-Schuhs erinnert: »Reintreten und sich wohl fühlen.«)
8. Türken-Bimbo (finde ich ein wenig schwach, aber na gut).
7. Türkischer F...unfall (Sehr gut: Das F-Wort politisch korrekt nur angedeutet)
6. Anatolische Hackfresse. (Der Verfasser dieser Wortschöpfung sieht wohl aus wie Brad Pitt)
5. Alimentierter Penner (Hier fehlt mir noch ein bisschen der xenophobische Bezug, aber das nächste Mal wird's bestimmt besser)
4. Anatolisches Machomännchen (Auch ganz gut: hier der Versuch, den aggressiven, cholerischen Südländer mit der Verniedlichungsform zu reizen)
3. Anatolischer Inzuchtbolzen. (Noch etwas holzschnittartig, aber nicht uncharmant)
2. Stoppt Tierversuche! Nehmt Türken! (Vorbildlich! Eigene Gedankenleistung, witzig, originell)

Und hier ist die absolute Nummer eins der Top-Twelve-Türken-Sam-Liebkosungen:

1. Na super Türken-Cem, der ewig missverstandene, super-interagierte Süpertürk.

Grandios! Wortspiel gepaart mit superkomplizierter Botschaft und Sprachverballhornung. Der Mann ist Kenner des türkischen Glücksrads: Ey Alter, isch kauf ein »ü« – Treffer, Treffer, Treffer ...
Ich muss sagen, ich war begeistert. Und ich bin sogar ein bisschen stolz: Wer es auf Deutschlands beliebtester Hass-Website zu 327 Kommentaren bringt, kann nicht alles im Leben falsch gemacht haben. Irgendwie scheint das Buch ja doch einen Nerv zu treffen. An dieser Stelle: Seid bedankt für die zahlreichen lieben Zuschriften, ihr habt alle einen festen Platz in meinem Herzen.

Es sei hier noch zu erwähnen, dass ich mich schon längst persönlich und auf der Website bedanken wollte, aber: Meine Kommentare und Antworten wurden auf der Meinungsfreiheit über alles liebenden Website nicht freigeschaltet.

Einen dieser Kommentare möchte ich hier noch heraus-greifen, weil ich damals tatsächlich einen Lachkrampf be-kommen habe (und dazu muss ich prinzipiell sagen: Ich habe weder bei Kajar Jana, Fatih Cevikoglu noch bei Bülent Celan oder irgendeinem anderen Comedian derart gelacht wie bei PI). 29. September 2010, 17.29 Uhr:

»Ich möchte den ganz kleinen anatolischen Machomänn-chen mal empfehlen, die Motorhaube von ihrem durch Hartz IV, Drogengeld und Handy abziehen finanzierten krassen 3er-BMW zu öffnen, einige Minuten schweigend hinein-zuschauen und darüber nachzudenken, zu welcher Sorgfalt, Akribie und Leistungsentfaltung wir ach so schwächlichen, verschwulten ›Kartoffeln‹ doch fähig sind. Auch sein durch

Inzucht minder leistendes Gehirn müsst ihm dann irgendwann sagen, dass es bestimmt nicht gut ausgeht, wenn diese Sorgfalt, Akribie und Leistungsentfaltung mal dazu benutzt werden könnte, unliebsame Schmarotzer wie ihn aus dem Land zu schaffen. Da kann er noch so viel ›Kick Box‹ machen und mit dem Messer herumfuchteln, wir haben Technik! Als Vorbereitung empfehle ich schon mal: Expedient homemade firearms: The 9 mm Submachine Gun; P.A. Luty (Man braucht KEINE Drehbank!). Es dauert nicht mehr lange, dann hat der erste Bio-Deutsche die Schnauze voll und macht Goetz.«

Den Verweis des Autors am Ende seines Beitrags muss man, trotz aller Klassik, für den Unkundigen erklären. In einem Wikipedia-Eintrag über besagten Bernhard Goetz heißt es:

»Bernhard *Bernie* Hugo Goetz, geb. 1947 in Queens, New York City, wurde bekannt als der *Subway Vigilante*, als er am 22. Dezember 1984 in der New Yorker U-Bahn auf vier Afroamerikaner schoss, die ihn berauben wollten. In New York wurde er zu einer Symbolfigur für einen Bürger, der angesichts der extrem hohen Kriminalität zu dieser Zeit zur Notwehr gezwungen war.«

Der Mann outet sich in seiner Botschaft nicht nur als philosophischer Zeitgeist, wehrhafter Held und Meister des Türkenslangs (und ich möchte ihm zurufen: Prima, mach isch disch Urban!), sondern auch als BMW-Ingenieur und ausgewiesener Waffenkenner. Zudem muss dem Manne recht gegeben werden: Uwe Böhnhardt, Uwe Mundlos und Beate Zschäpe hatten tatsächlich die Schnauze voll und mindestens neun dieser alimentierten Penner und Messer fuchtelnden Machomännchen aus dem Leben verholfen – durchaus mit einer gewissen »Sorgfalt, Akribie und Leistungsentfaltung«.

Man weiß (Stand November 2011) von neun Morden und schätzt, dass weitere bisher ungeklärte Fälle auf das Konto der neonazistischen Terrorzelle gehen. Diese Terrorzelle stammt aus Thüringen. Ist ja auch kein Wunder bei dem ganzen Terror, den die Türkenhorden in den neuen Bundesländern seit jeher verbreiten.

Gesundes Volksempfinden nennt man das.

Wie man ganz Auerbach im Alleingang befriedet

Eine dritte Methode, sich die Probleme im Land anzusehen, ohne das eigene Viertel verlassen zu müssen, ist: warten, bis sie zu einem kommen. Ich bekam eine Mail von meiner Literatur-Agentur. Ein gewisser Mutlu aus Auerbach in Bayern würde mich gern in Berlin besuchen.

»Sehr geehrte Mitarbeiter der literarischen Agentur Simon, mein Name ist Mutlu Kocak, ich bin 20 Jahre alt und ehrenamtlicher Sozialarbeiter der Stadt Auerbach i.d. OPf. Ich leite eine sportliche Eigeninitiative für Jugendliche, namens Street Style Soccers. Das ist ein Jugendtreff. Für meine Projekte konnte ich bisher nennenswerte Persönlichkeiten, wie unter anderem den Politiker Cem Özdemir oder auch den Streetworker und Buchautor Fadi Saad gewinnen«, schrieb Mutlu. Er habe mein Buch gelesen und wolle mich unbedingt kennenlernen, er sei dann und dann eine Woche in Berlin – und ob er mich treffen könne. Im Anhang befand sich eine Telefonnummer.

Gut. Aber was wollte der Junge eigentlich von mir? Hatte er nicht genug Sozialarbeiter, Psychologen, Pädagogen und Streetworker vor Ort, die sich um ihn und seine Freunde kümmerten?

Als wir uns in einem türkischen Frühstückscafé im Wedding trafen, hatte er Fadi Saad dabei, den Autor des Buches ›Der große Bruder von Neukölln‹. Ich kannte das Buch. Fadi Saad hat einen ähnlichen Lebensweg wie ich. Geboren in Berlin, stammt er aus einer palästinensischen Familie und ist gelernter Bürokaufmann. Er war auch ein Gang-Mitglied und arbeitet heute als Quartiersmanager im Neuköllner »Körnerkiez«.

Bevor ich überhaupt mit Mutlu reden konnte, meinte Fadi, es würden gleich zwei »Kripos« dazukommen – ob ich was dagegen hätte. Da standen sie auch schon in der Tür. Ein großer, stämmiger blonder Typ und ein sehr viel kleinerer Türke. Nennen wir sie Michael und Ertan. Sie legten gleich los. Ihr Aufgabenbereich sei vor allem Jugendkriminalität, dabei arbeiteten sie mit Fadi im Wedding auch zusammen. Fadi verabschiedete sich zu meinem Erstaunen, und dann saßen Mutlu und ich mit zwei Bullen allein am Tisch. Wir haben uns sofort verstanden. Beide hatten ein Problem. Michael fing an, eine regelrechte Tirade à la Politically Incorrect vom Stapel zu lassen. Warum denn Menschen, die ja schließlich Gäste seien und in diesem Land doch alles bekämen, was sie nur wollten, immer nur am Jammern seien und ihm, Michael, nie Respekt entgegenbringen würden, er sei aber dennoch kein Rechter – und so weiter.

Ich wunderte mich nicht schlecht, denn er sagte das immerhin im Beisein seines türkischen Kollegen, der dazu schwieg. Als er fertig war, fing Ertan an. Er leide darunter, unter seinen Kollegen immer nur der »Quotentürke« zu sein, das fände er ungerecht, immerhin sei er Jahrgangsbester gewesen, aber – und so weiter.

Ich fand das ganz interessant. Zwei ausgewachsene Kripobeamte hatten offenbar das Bedürfnis, mir wie die Schüler und Jugendlichen ihr Herz auszuschütten. Ich gab beiden kurzerhand recht. Das schien ihnen zu genügen nach zwei Stunden therapeutischen Gesprächs.

Michael steckte mir noch seine Visitenkarte zu, als er sich verabschiedete. Mit dem armen Mutlu, der eingeschüchtert an meiner Seite saß und noch kein Wort gesagt hatte, traf ich mich am nächsten Tag zum Sightseeing am Brandenburger Tor.

Mutlu ist ein netter Kerl. Aus irgendeinem Grund nennt er mich Abi, großer Bruder, was im Türkischen einen enormen

Respektsbeweis darstellt. Das geht mir ein bisschen auf die Nerven, aber gut. Mutlu erzählt mir, während ich ihm von meinem Auto aus die Stadt zeige, sein ganzes Leben. Er war auf dem Gymnasium, ging brav in die Moschee, seine Eltern seien völlig okay. Aber irgendwann flog er aus der Schule. Er ging noch in die Moschee, aber sie gab ihm auch nicht den Halt, den er offenbar brauchte. Er hing rum in einer multiethnischen Gang namens »Die Kolonie-Boys«.

»Ey, Alter, wir wollten die Straße übernehmen«, sagt er. In Auerbach?

Irgendwann sitzen wir beim Inder in der Oranienstraße in Kreuzberg. Mutlu hat noch nie indisch gegessen. Ich frage ihn: »Was hast du denn gemacht?«

»Gewaltverbrechen.«

Was denn?

»Schlägereien. Unheimlich viele Schlägereien.«

Okay, und warum? Wie ist das denn so in Auerbach?

Da sieht er sich plötzlich um. Ein Lehrer habe ihm mal gesagt: Mutlu, wir sind hier nicht in Kreuzberg. »Doch«, sagte Mutlu. »Wir sind in Kreuzberg. Glauben Sie, das ist hier anders? Sie kriegen das ja gar nicht mit, die ganzen Schlägereien, die da draußen auf den Straßen ablaufen, Abschiebungen, Knast, Tote.«

Verwundert sehe ich ihn an.

In Auerbach?

»Ja«, sagt Mutlu. »Da wird genauso gedealt, geraubt und gemordet, nur vielleicht nicht in dieser Konzentration.«

Er habe da ein »Temperament-Problem«, sagt Mutlu schließlich und zuckt mit den Schultern. Man beleidige eben oft seine Religion und Herkunft, und dann schlage er sofort zu. An die hundert Mal, schätzt er, habe er bereits zugehauen. Selbst machobereinigt ist das noch eine Menge. Daher auch der unfreiwillige Schulabgang. Er schaffte gerade noch die Realschule, brachte es danach zu einem ansehnlichen Strafregister und verpasste die Fachoberschule aufgrund einer Auseinandersetzung mit einem Türken-Witze erzählenden Sportlehrer um Haaresbreite. Eigentlich wolle er studieren, sagt Mutlu. Heute, so viel weiß ich, weil ich lose mit ihm Kontakt halte, hat er eine Lehrstelle als Informatikkaufmann, immerhin.

Da hat er noch Glück gehabt, denke ich. Gleichzeitig frage ich mich, warum die vorbildliche bayerische Sozialindustrie im Falle Mutlus nicht gegriffen hatte. Hatte er denn nie Hilfe bekommen?

»Ich hatte die besten Schulpsychologen, Allgemeinpsychologen, Pädagogen, Sozialarbeiter und einen gerichtlich zugewiesenen Anti-Gewalt-Kurs«, sagt Mutlu. »Aber Cem Abi, was wissen die denn schon von der Straße?«

In Auerbach?

»Nur du, Cem Abi, hast mir geholfen. Weil du in deinem Buch geschrieben hast, wo du doch eine große Nummer warst: Ich schlage nicht mehr zu. Seit ich das gelesen habe, kann ich zu allen, die meine Ehre in Frage stellen, sagen: Cem Abi schlägt auch nicht mehr zu.

So habe ich Auerbach im Alleingang befriedet. Die Stadt Auerbach in der Oberpfalz zählt übrigens 8872 Einwohner. »Eine lebendige Stadt, die ihre Traditionen pflegt und sich allem Neuen gegenüber aufgeschlossen zeigt. Wenn Sie dann noch in unserer unverbrauchten Natur in sportlicher Manier neue Kräfte tanken oder einige erquickende Runden in unserem Spaßbad drehen, dann werden Sie endgültig sagen: Auerbach tut gut!«, heißt es auf der Website.

Wenn ich mal Zeit habe, will ich da unbedingt hin.

Ihre Ängste, meine Herren,
sind vollkommen berechtigt

Die Veranstaltung der Bundeszentrale für politische Bildung fand in einem Gebäude in der Friedrichstraße statt, Berlins selbst ernannter neuer »Upper East Side«. Rund 1000 Menschen waren eingeladen. Es kamen gerade 30. Die Hälfte davon Veranstalter und Diskutanten. Das Thema Migration reißt die Leute hierzulande wirklich vom Hocker. Ich bin immer wieder erstaunt, wie viele Millionen engagierte sozigrüne Multikulti-Freaks es doch gibt, diese Horden, von denen »PI« da immer redet.

Kein Arsch da. Interessiert offenbar niemanden, was die Bundespolitische Zentrale so macht. Allerdings erschienen reichlich Medienvertreter, nämlich null. Noch zahlreicher war die deutsche Politik vertreten, null mal null. Nicht einmal Quoten-Türken waren da. Die Veranstaltung kostete sicher einiges, und das war im Sinne des Steuerzahlers wie der Sache gut angelegtes Geld.

›Auf Zeit, für immer‹ hieß das Buch, das an diesem Abend vorgestellt werden sollte. Es geht darin hauptsächlich um die erste Generation eingewanderter Türken. Wie sie nach Deutschland kamen, wie sie lebten und leben. Janette Goddar und Dorte Huneke, die Autorinnen, hatten die Republik auf der Suche nach Migranten der ersten Stunde abgegrast und auch in der Türkei recherchiert. Man wollte aber auch einen Vertreter der sogenannten zweiten Generation dabeihaben, und so hatte Janette Goddar mich angesprochen, sie hatte schließlich mal eine Rezension über mein Buch geschrieben.

Als wir uns damals trafen, sagte sie:»Ich krieg ja alle

möglichen Bücher über Türken auf den Tisch. Dann lag da irgendwann ›Türken-Sam‹. Und ich dachte noch: Jetzt muss ich auch diesen Scheiß noch lesen, eine Gangstergeschichte.« Wir verstanden uns recht gut. Sie führte ein Interview mit mir, das in diesem neuen Buch erschien.

Der Publizist Eberhard Seidel, Schwerpunkt Migratrionspolitik, Rechtsextremismus und jugendliche Subkultur, moderierte die Veranstaltung. Es waren noch ein griechisch-türkisches Ehepaar eingeladen, das im Buch porträtiert worden war, und Frau Professor Barbara John, CDU, von 1981 bis 2003 Ausländerbeauftragte des Berliner Senats und selbst Kind polnischer Einwanderer.

Frau John hatte meine Geschichte gelesen, oder zumindest Teile davon, und hob auf ein Detail daraus ab: Ich spielte als jugendlicher Fußballer in der Hamburger-Auswahl. Die Mannschaft wurde wie jedes Jahr zum Sichtungsturnier und Ländervergleich mit dem damaligen Jugendnationaltrainer Berti Vogts eingeladen. Also, das Team war eingeladen, ich aber wurde als Einziger explizit ausgeladen. Obwohl ich so etwas wie Stammspieler gewesen war. Damals hatte ich wie viele Jugendliche natürlich auf eine Fußballerkarriere gehofft, und natürlich war ich enttäuscht gewesen. Einige Jahre später stellte ich unseren damaligen Trainer Ralf Scheer zur Rede. Er sagte:»Sam, was soll ich dir sagen. Vogts hatte damals gesagt, er wolle keine Türken in seiner Mannschaft.«

»Ja, das kann ich gut nachvollziehen«, sagte Frau John. Es erinnere sie an eine Geschichte, die sie selbst erlebt hatte: Bei einem Ringer-Turnier – die Türken seien ja schon immer eine Ringer-Nation gewesen – räumten die türkischen Kinder und Jugendlichen alle Siege ab. Man hatte ihnen zwar erlaubt mitzumachen, aber außer Konkurrenz. Dies hatte man den Kindern aber nicht richtig erklärt, so verstand ich Frau John. Und bei der Siegerehrung bekamen die zweitplazierten deutschen Kinder alle Goldmedaillen. Daraufhin hätten einige türkische Kinder geweint.

»Es war herzzerreißend«, sagte Frau John.

Später saßen wir alle in einem italienischen Restaurant am Checkpoint Charlie. Auf einmal meinte Frau John: »Ich habe noch nie einen Typen wie Sie kennengelernt.« Ich wusste gar nicht, was sie meinte, und es wurde mir ein wenig warm.

»Sie haben Power. Sie wollten hoch hinaus, sind aber immer mit dem Kopf gegen eine Wand gerannt. Wären Sie Deutscher gewesen, hätten Sie alles erreichen können.«

Das erinnerte mich an einen Psychologen, den ich einmal vor Jahren aufsuchte. Ein älterer Herr, der etwas Ähnliches sagte. Ich muss zugeben, das gab mir einen gewissen Trost. Das System sei, sagte Frau John, zu dieser Zeit nicht für Menschen wie mich gestaltet gewesen. Bis heute nicht, im Grunde, sagte sie. Man habe ja immer damit gerechnet, dass die Türken das Land wieder verlassen würden, und es diesen Menschen von Anfang an so »ungemütlich wie möglich« gemacht. So jedenfalls meine ich, mich an Frau Johns Worte zu erinnern.

»Ich finde aber, dass die Integration der türkischen Frauen zum Beispiel sehr gelungen ist. Es ist nicht alles und für jeden falsch gelaufen«, sagte ich.

Da mischte sich Eberhard Seidel ein. Ob ich denn viele Bücher verkauft hätte.

Ich schüttelte den Kopf.

Es sei normal, dass ich keinen Erfolg hätte. Türkischstämmige Männer hätten es leider in der deutschen Gesellschaft momentan sehr schwer. Sie würden auch als Konkurrenten wahrgenommen, meinte Seidel sinngemäß.

Er hat das sicher nicht so gemeint, aber selbstverständlich hat die Sache auch eine sexuelle Komponente. Denn es ist ja völlig normal, dass alle Frauen der deutschen Platzhirsche meinem Charme und meiner Eloquenz sofort erliegen. Vollkommen logisch, dass ihre Töchter sofort die Beine breit machen und mir hörig werden. Ich bin ein südländischer Machohengst. Ich atme reinstes Testosteron, ich rieche wie die Schweißdrüse eines Moschusbullen. Ich kann zehn Mal. Ich könnte diesen Männern alles wegnehmen, wenn ich nur mit dem Finger schnippte. Und sie können nicht mal was dagegen machen – weil sie mir physisch sowieso unterlegen sind.

Ihre Ängste, meine Herren, sind vollkommen berechtigt: Sie mussten ja alle schon demütig die Straßenseite wechseln, wenn Sie mich gesehen haben, oder bekamen gleich eine Ohrfeige, eine Schmach, die Sie nie vergaßen. Natürlich haben Ihre Frau und Freundin mit mir geschlafen. Oft und gern, übrigens. Ihre Frauen bestätigen mir das jeden Tag. Das macht mich sehr stolz. Und hier noch eine Warnung: Lasst uns niemals nach oben kommen, dann seid ihr gar nichts mehr! Thilo Sarrazin hat das verstanden. Und seine Botschaft hat eure Herzen erwärmt: Da stellt sich ein Mann Mitte sechzig diesen mediterranen Hengsten mutig entgegen und sagt: Das sind ja gar keine Männer. Sie sind dumm. Sie sind ungebildet. Sie sind Ziegenhirten, Hartz-IV-Empfänger, sie sind produktiv nur als Obst- und Gemüsehändler, sie haben faule Gene und entstammen womöglich einer inzestuösen Verbindung, mindestens aber einer perversen Zwangsheirat. Da steht einer auf und sagt es endlich: Ey, ihr Türken, ihr seid gar keine Machos!

Dieser Mann wechselt nicht die Straßenseite, er senkt nicht seinen Kopf. Er geht sogar durch Kreuzberg. Erhobenen Hauptes und ganz ohne Bodyguard bewegt er sich unter den Klappmesser schwingenden Bestien elegant wie eine schwarze Dschungelkatze und fixiert die Gefahr über die Ränder seines Brillengestells. Er tut das nur für euch, liebe deutsche Männer, und ihr liebt ihn dafür. Ich verstehe das.

Was soll ich sagen. Es war ein schöner Abend. Ich ging dann mit den Mädels noch was trinken.

Ein neuer Kalender in Neckarsulm

Die Mediathek ist eine Stadtbibliothek in Neckarsulm. Einmal im Jahr lädt diese Institution Schüler während der Unterrichtszeit zu einer Lesung ein. Es sind Schüler der Hauptund Realschule, die sich das Thema und die Bücher selbst aussuchen. Es gab viele Anmeldungen, aber nur 60 Plätze. Ich fuhr mit dem Zug. Ich kam nachts an und suchte das Hotel. Neckarsulm ist selbst im Dunkeln ein nettes und offenbar wohlhabendes Städtchen, das Hotelzimmer war klein und etwas nervig, weil die Matratze wie üblich ausgeleiert war. In der Bibliothek wurde ich sehr freundlich empfangen. Ich wartete auf die Schüler, es war 8.30 Uhr morgens. Langsam tröpfelten sie herein, und ich besah mir die jungen Leute. Kaum Migranten. Gehen denn hier nur die Bios auf die Haupt- und Realschule? Gleich würde noch eine reine Migrantenklasse reinkommen, dachte ich. Es blieb aber zu meinem Erstaunen bei dieser Mischung. Ich fragte eine Dame von der Schule noch: »Mal ganz ehrlich, gibt's hier keine ausländischen Kinder in den Klassen?«

»Ich muss Ihnen was gestehen. Ich hab deshalb einen Riesenärger bekommen. Anrufe von Lehrern, Direktoren, Eltern türkischer Schüler. Heute ist Opferfest. Da haben die türkischen Kinder natürlich schulfrei«, gestand mir die Dame.

Es schien ihr sehr peinlich zu sein. Ich war überrascht. Ich hatte auch gar nicht daran gedacht, dass Opferfest war, da ich nicht sonderlich religiös bin. Normalerweise würde mich an diesem Tag meine Mutter anrufen und mir dazu gratulieren. Dafür war es aber noch zu früh.

Ich wunderte mich auch deshalb, weil es zu meiner Zeit keine Kruzifix-Diskussionen und selbstverständlich auch keine Feiertage außer den christlichen gegeben hatte. Ich wuchs vollkommen weltlich auf, wie die Deutschen. Türkische Feiertage waren auch zu Hause kein großes Thema gewesen. Ich erinnere mich einzig daran, dass mein Vater zum Beispiel am Tag des Opferfestes, wenn er sich in den Wagen setzte, eine mir unverständliche religiöse Litanei murmelte, bevor er startete. Wahrscheinlich eine Art Beschwörung, dachten meine Brüder und ich, und wir fragten nicht weiter. Irgendwie komisch. Da saßen jetzt die deutschen Kinder, weil sie Unterricht hatten, und die türkischen waren zu Hause geblieben. Das mag ein Fortschritt sein. Andererseits haben die türkischen Kinder zu christlichen Feiertagen auch frei. Deshalb haben wir ja so großartige Pisa-Werte. Jeder soll glücklich werden, wie er möchte. Aber ich finde Bildung wichtiger als Feiertage und die Verschmelzung von Schule und Religion. Nur ein türkisches Kind, ein Mädchen, hatte an diesem Tag den Weg in die Neckarsulmer Mediathek gefunden. Sie war aramäische Türkin. Aramäer sind meist Christen.

Die Veranstaltung lief vielleicht gerade deshalb klasse. Das ist mir schon öfter aufgefallen. Wenn die deutschen Kinder in der Mehrheit sind, sind sie weniger schüchtern. Sie sprechen offener und zeigen keinen Dünkel, haben keine Angst. Die Schüler machten mit und waren recht unbekümmert, sie hatten sich regelrecht gefreut, dass ich gekommen war. Von Hass oder Fremdenfeindlichkeit keine Spur. Sie mochten Dschungelcamp und ›Deutschland sucht den Superstar‹ gucken, aber sie waren politisch interessiert und aufgeschlossen. Sie wollten wissen, warum es zu Problemen kommt, wieso jemand wie ich abschmieren konnte und so weiter. Sie waren ganz wild darauf, zu diskutieren.

Das nächste Mal, da bin ich mir sicher, wird in der Stadtbibliothek Neckarsulm ein Kalender hängen, in dem auch die türkischen Feiertage verzeichnet sind. Bevor ich zur Bahn ging, aß ich zu Mittag ein paar Nudeln, es sind nur ein paar Schritte von der Stadtbibliothek zum Bahnhof. Das Stadtbild ist sehr gemischt. Bios, junge Migranten, ein Bild wie in Berlin oder Hamburg. Wie überall.

Ich schaffe einen neuen Arbeitsplatz

Mal wieder mit der Huscherbahn unterwegs, sechs Stunden. Altenstadt in der hessischen Wetterau liegt nicht gerade im Flachland. Die Wirtin des kleinen Gasthofs, in dem ich übernachten würde, war Italienerin. Reinhold Hammer, ein Buchhändler aus dem Ort, hatte, damit es auch lohnte, gleich zwei Lesungen organisiert. In Altenstadt saßen rund 400 Schüler in der großen Aula eines Schulzentrums. Haupt- und Realschüler wie Gymnasiasten. Ein Riesenpublikum. Ganz vorn saß eine kleine Gruppe türkischer Schüler. Man erkannte sofort, dass sie zusammengehörten und ein bisschen auf dicke machten. Sie stellten jede Menge Fragen, verhielten sich aber ganz zivilisiert. Hinten, so erfuhr ich später, saßen die Gymnasiasten, meist deutsche Schüler, die ein wenig elitär wirkten. Ein zusammengewürfelter Haufen, der irgendwie nicht zusammenpasste. Die Gymnasiasten hörten aufmerksam zu, beteiligten sich aber kaum an der Diskussion. Sie gingen auch früher.

Nach der Veranstaltung kam der Schulleiter zu mir und klagte sein Leid. Er war ein Mann, dem man eine gewisse Berufung durchaus abnehmen konnte, der so etwas wie ein personifiziertes Bemühen ausstrahlte. Er habe Probleme mit einigen muslimischen Migranten, vor allem mit deren Eltern. Er verstehe sie nicht, sie verstünden ihn nicht, und so müsse er jedes Mal einen Dolmetscher engagieren, weil die meisten Eltern kaum Deutsch sprächen. Das sei sehr mühselig und auch teuer.

Im Einzelnen ging es vor allem um einen Schüler, rückte er heraus. Vater und Mutter sehr religiös, beide sprachen überhaupt kein Deutsch. Der sei sehr aggressiv, habe auf dem Schulhof schon mal ein Messer gezückt, und es sei nur eine Frage der Zeit, bis der Vulkan explodiere, sagte der Schulleiter. Er komme aber weder an den Schüler noch an die Eltern wirklich heran. Was er denn da machen könne. Ich sagte ihm:»Ganz einfach. Engagieren Sie statt eines Dolmetschers einen Sozialsheriff.«

»Ein Sozialsheriff? Was ist denn das?«

»Das ist ein Mann, ein Migrant, der vielleicht selbst ein schweres Leben hatte und die Straße kennt. Der vielleicht auch auf den falschen Weg gekommen war und eine Resozialisierungschance sucht.«

»Ach …«, der Schulleiter schien sehr interessiert.»Und was kann der?«

»Der kann sowohl mit den Jugendlichen reden als auch mit den Lehrern und den Eltern. Dann brauchen Sie nicht mit den Eltern reden und sparen den Dolmetscher. Der Mann steht zwischen der Schule und den Eltern. Nennen wir ihn Mustafa. Mustafa kann also erstens aufpassen, dass es an der Schule weniger Gewalt gibt. Er kann zweitens im Streitfall schlichten. Drittens kann er Lehrerinnen, die Probleme mit jugendlichem Machismo haben, zur Seite stehen. Schon allein dadurch, dass die jugendlichen Migranten sehen, dass Mustafa in der schulischen und also gesellschaftlichen Hierarchie unter der Lehrerin steht. Was sie von zu Hause nicht kennen. Viertens geben Sie damit jemandem wie mir eine zweite Chance.«

Der Schulleiter schien begeistert.

»Ja«, sagte er.»Das ist eine gute Idee. Ich habe da sogar jemanden, der an der Schule ab und zu aushilft. Ich werde das für ihn beantragen.«

Der Mann war durchaus dankbar. Ich empfand das in gewisser Weise allerdings als ein Luxusproblem. An den Berliner Schulen, die ich besucht habe, geht es um viele Schüler. Hier ging es um einige wenige. Ich gab dem Schulleiter noch zu bedenken, dass er sich nicht zu viel um einzelne Migranten kümmern solle, weil er dabei seine anderen Schüler vernachlässige. Ich sehe an dieser Geschichte aber auch, dass in den Schulen weitgehend Rat- und Hilflosigkeit herrscht. Man hält an alten Strukturen fest, statt einfach neue Wege zu gehen. Aber es ist nie zu spät.

Mein Gefühl sagt mir, dass sich in Altenstadt bald ein türkischer Mann Sozialsheriff nennen wird.

Die Mutter will eine Islam-Debatte

Am späten Nachmittag signierte ich in Reinhold Hammers Buchhandlung im Zentrum von Altenstadt einige Ausgaben. Bank, Spielcasino, Café, Geschäfte und ein Dönerladen, natürlich. Da kam in der Buchhandlung eine deutsche Mutter, ca. 50 Jahre alt, auf mich zu. »Mein Junge hat noch nie ein Buch gelesen. Aber Ihres möchte er unbedingt lesen«, sagte sie sichtlich verwundert. Der Junge an ihrer Seite war vielleicht 15 oder 16 Jahre alt. Er schien etwas introvertiert zu sein. Auf jeden Fall ein potenzielles Opfer auf dem Schulhof, dachte ich zuerst. Ich sage ja immer dasselbe bei meinen Vorträgen. Liebe türkische Schüler, haut den Deutschen keine rein, das kommt nur zu euch zurück und ändert sowieso nichts. Etwas in der Art hatte ich hier auch gesagt. Das habe ihrem Jungen wohl gefallen, sagte die Mutter.

»Wissen Sie, ich habe auch gar nichts gegen Türken. Ich habe nur Angst vor dem Islam. Ich möchte auch nicht, dass hier im Ort eine Moschee gebaut wird«, sagte die Mutter. Der Junge schwieg. Warum sei man dem Islam gegenüber in diesem Land nur so tolerant, fuhr die Mutter fort, sie wolle ja mit Türken zusammenleben, aber nicht den Muezzin hören müssen am Morgen, und sie verstehe die Politik gar nicht, die das ja zulasse. Ich hatte den Eindruck, sie wollte mir eine regelrechte Islam-Diskussion aufdrücken. Der Junge schwieg immer noch. Weil seine Mutter ständig redete.

Ich will damit eigentlich nur sagen: Vielleicht macht den Menschen diese ganze in den Medien so dominante Islam-

Debatte einfach Angst? Ich habe diese Begegnungen oft: Menschen, die eigentlich gar nichts »gegen die Migranten in meiner Nachbarschaft« haben, sich aber von den ständig Moscheen, Geld und Aufmerksamkeit fordernden Islamverbänden irgendwie überrollt fühlen.

Mir geht es genauso. Es gibt kemalistische Verbände, es gibt nationalistische Verbände und kurdische Verbände, alevitische oder islamische Verbände. Sie alle wollen eigene Gebäude. Ich finde Bildung und Integration aber wichtiger als die zementierte Sichtbarkeit jeder einzelnen Interessens- und Splittergruppe. Nicht an jeder Straßenkreuzung muss eine Hagia Sophia errichtet werden.

Mir sind organisierte religiöse Gruppen ohnehin suspekt. Weil sie einander mit Minaretten übertrumpfen wollen und alle Andersgläubigen verachten. Ich mag die Zeugen Jehovas. Das sind weltoffene Menschen. Sie machen als Einzige überhaupt keinen Unterschied und klingeln sogar an meiner Tür. Sie lassen sich nicht einmal abwimmeln, wenn ich behaupte, ich sei Muslim. Sie wollen mich trotzdem bekehren. Das ist gelebte Integration.

Die beknackte Schulhofsituation

Gegen Ende der Signierstunde in Altenstadt schneiten noch vier türkische Jugendliche in die Buchhandlung, kauften drei Bücher und ließen mich etwas hineinschreiben. Dann fragten sie mich, ob ich mit ihnen einen Döner essen gehen wolle. Wir gingen also um die Ecke zum Dönerladen im Zentrum. Zwei der Jungs sprachen sehr gut Deutsch, die beiden anderen ausgesprochen schlecht. Alle vier waren hier geboren. Und alle vier hatten überhaupt keine deutschen Freunde, sagten sie, lediglich noch einen portugiesischen Kumpel, der später auch dazukam und den Eindruck eines ziemlich windigen Bürschleins machte.

Einer der türkischen Jungs sagte: Wie soll ich reagieren, wenn mich ein Deutscher provoziert? Da sei immer ein Schüler auf dem Hof, der ständig blöde Sprüche klopfe und ihn beleidige. Scheiß-Türken, Scheiß-Muslime, ohne Grund. Er habe dem Schüler schon öfter aufgelauert und ihn zur Rede gestellt. Da druckste der Junge ein wenig herum. Ja, gut, er habe ihn auch schon mal verkloppt und ein andermal mit einem Messer vor seiner Nase herumgefuchtelt. Dann sei dieser Schüler zu den Lehrern gelaufen und habe dort geweint, am nächsten Tag im Schulhof aber gleich wieder eine dicke Lippe riskiert.

»Was sollen wir mit dem machen?«

Plötzlich hatte ich eine Ahnung, dass vor mir der türkische Problemschüler stand, von dem der Schulleiter am Morgen gesprochen hatte.

»Hört einfach weg. Die Mehrheit der Schüler auf dem Hof macht doch so was nicht. Oder?«

»Nein.«

»Wenn er dich angreift, hast du das Recht, dich zu verteidigen. Aber er wartet doch nur darauf, dass du anfängst. Das bestätigt ihn. Vielleicht hört er das zu Hause. Vielleicht stacheln sie ihn dort an. Ganz egal. Am Ende seid ihr nämlich die Dummen, weil ihr ihn geschlagen habt, er aber nur etwas gesagt hat.«

Ich erinnerte mich daran, dass der Direktor am Morgen auch angedeutet hatte, sein türkischer Problemschüler sei in letzter Zeit plötzlich besser in der Schule geworden, ohne dass er sich darauf einen Reim machen konnte.

»Du bist aber jetzt besser geworden in der Schule. Stimmt's? Wie kommt denn das?«

Der Junge sah mich verwundert an. Dann sprach er türkisch mit mir.

»Weil ich in der Türkei bei meinem Onkel war. Ich hab immer gedacht: Was soll ich hier, das interessiert mich doch alles nicht. Ich hau ab und geh sowieso in die Türkei. Da hat mir mein Onkel gesagt: Glaub bloß nicht, dass wir hier auf dich warten. Wenn du ohne Beruf hier ankommst, kannst du gleich wieder gehen.«

Ich nickte.

Der Junge schwieg eine Weile. Dann sagte er: »Warum verstehst du mich und mein Vater nicht?«

»Was meinst du damit?«

»Wenn ich zu meinem Vater sage, dass mich ein deutscher Junge auf dem Schulhof beleidigt hat, dann antwortet er: Hast du ihn auch richtig zusammengeschlagen?«

Aha. Da haben wir gleich zwei interessante Phänomene.

Vieles scheint mir doch oft weniger ein Problem der Jugendlichen als vielmehr der Eltern zu sein. Sie zeichnen ein Bild der Türkei, das es nicht gibt, und sie lehren ein übertriebenes Ehrgefühl, das ihren Kindern nur Ärger einbringt. Man kann das zwar nicht pauschalisieren. Diese Jugendlichen in Altenstadt sagten mir aber, sie wollen ja mit den Deutschen klarkommen, ihre Eltern würden das nur nicht verstehen und ihnen einreden, sie müssten ständig Stärke zeigen. Ich habe vielerorts ähnliche Geschichten gehört. Und ich habe mich mit meinem Vater auch nicht verstanden. Er ist in der Türkei aufgewachsen, ich in Deutschland. Er hat nie kapiert, dass hier andere Regeln gelten. Die Kinder baden die Probleme ihrer Eltern auf der Straße aus. Der Altenstädter Problemschüler hat das verstanden. Und er hat noch etwas anderes begriffen: Dass seine türkische Heimat kein Auffangbecken ist.

Liebe türkische Jugendliche, man muss es euch einfach deutlich sagen: Wenn ihr im Urlaub zu Hause in der Türkei seid, sind alle nett zu euch. Es gibt reichlich zu essen, und jeder knuddelt euch. Solange ihr wieder wegfahrt. Wenn ihr aber dort lebt, wird euch niemand füttern. Keiner wird euch pflegen und eure Miete bezahlen. Ihr werdet für eure Verwandtschaft eine Belastung sein, solange ihr keinen Beruf, keine Ausbildung habt und kein eigenes Geld verdient. Die Türkei ist zwar ein erfolgreiches und aufstrebendes, zugleich aber auch ein hartes und gnadenloses Land. Eine absolute Leistungsgesellschaft. Niemand fängt euch auf. Ohne Beruf seid ihr dort nur die asozialen Almanjis. Und niemand schickt euch in die Karibik zum Vollzug unter Segeln, wenn ihr zwanzig Mal straffällig geworden seid. Da gibt's richtig auf die Schnauze.

Am nächsten Tag hatte ich eine Veranstaltung an der Berufsschule in Nagold. Da sagte ein türkischer Junge in der Runde:»Die deutschen Jugendlichen haben Angst vor uns, und wir haben Angst vor der Polizei. Wir verkloppen die Deutschen, die Bullen verkloppen uns.«
Es ist noch ein weiter Weg.

Wir haben alle keinen Masterplan

Diesmal flog ich. Von Schönefeld aus gab es da eine günstige Verbindung zum Flughafen Frankfurt-Hahn in Hessen. Dort holten mich Christina Nels vom Jugendmigrationsdienst des Caritasverbands Trier und ein Herr von der Stadtverwaltung Wittlich ab. Auf dem Flyer der Caritas stand: »Kulturelle Vielfalt als Bereicherung erleben« im Rahmen einer bundesweiten interkulturellen Woche. »Der Arbeitskreis Integrationspartner Wittlich lädt Sie hierzu herzlich ein.«

Im Programm subsumierten neben meiner Lesung ein »lebensnaher Austausch mit Vertreter/Innen des Islam, Judentums, Buddhismus und Christentums« unter dem Titel »Gott im Kinderzimmer – welche Werte vermitteln Menschen unterschiedlicher Glaubensrichtungen ihren Kindern und Enkeln?« sowie eine Veranstaltung zum Thema »Älterwerden in Deutschland – für ältere Menschen aus der Türkei«, in der es vor allem um praktische Hinweise wie Altersversorgung, Pflegekassen und dergleichen gehen sollte.

Ganz ordentlich für eine Kreisstadt des rheinland-pfälzischen Landkreises Bernkastel-Wittlich im Eifel-Moselraum mit gerade mal 18 000 Einwohnern. Wittlich sei aber tatsächlich die »viertgrößte Stadt zwischen Mainz und der belgischen Grenze«, heißt es auf einer touristischen Website. Die ältesten Überreste menschlicher Siedlungstätigkeit stammten aus dem dritten Jahrtausend vor Christus, und in römischer Zeit habe gleich unter der heutigen Autobahnbrücke eine stattliche »Villa Rustica« gestanden. Man hatte hier also eine lange Erfahrung mit Migration.

Frau Nels sah ein wenig müde aus. Auf der einstündigen Fahrt ins Moselgebiet zogen reichlich Wald und Weinberge am Fenster vorüber. Deutschland ist wirklich ein schönes Land. Das kann ich gar nicht oft genug sagen. Einer meiner Lieblingsfilme ist der 1961 gedrehte Streifen ›Drei Mann in einem Boot‹ mit Heinz Erhardt, Walter Giller und Hans-Joachim Kulenkampff, der mich deshalb immer so fasziniert hat, weil die drei auf dem Rhein fuhren und man plötzlich wunderbare Landschaften mit Burgen und Schlössern sah, die ich aus meiner Hamburger Lenzsiedlung gar nicht kannte. Jedes Mal, wenn ich in solche schönen Gegenden wie in das Moselgebiet komme, denke ich an diesen Film. Im Grunde hat mir das Buch ›Türken-Sam‹ sehr viel gebracht: Ich habe wirklich eine Menge Schönheit in diesem Land gesehen. Wären da nicht die ganzen Probleme, die auch in den kleinsten Ortschaften schon angekommen waren. Sie passten einfach nicht zu dieser Schönheit. Warum lud man denn jemanden wie mich überhaupt ein? Weil es in diesen Butzenscheiben-Städtchen Probleme gab, die sie dort selbst nicht lösen konnten und sich die Veranstalter dachten, dass ich vielleicht dazu beitragen könnte.

Waren diese Städte nicht – mehr oder minder – intakt gewesen, bevor wir kamen? Hatte Thilo Sarrazin nicht recht? Hatte es hier nicht einmal Wohlstand gegeben und Wachstum, Peter Alexander, Heinz Rühmann und Rüdesheimer Kaffee? Konnte man nicht verstehen, dass sich die Alten danach zurücksehnten? Ich kannte das ja ansatzweise selbst aus Hamburg, als wir noch die ersten Türken in der Lenzsiedlung waren und in einer vergleichsweise heilen Welt lebten, die plötzlich dadurch gestört wurde, dass alle möglichen Migrantenkinder sowie Kinder deutscher Sozialhilfeempfänger zuzogen, sich prügelten und Angst und Schrecken verbreiteten. Wenn etwas zerstört wird, gibt es Frust, das kann man verstehen.

Andererseits: Die Welt verändert sich nun mal, jeden Tag. Selbst in Wittlich hatte ich das Gefühl: Die Menschen empfinden hier keinen Hass. Ich sah in ihren Augen keine Vorwürfe, eher eine Art Müdigkeit. Vielleicht Resignation. Das sehe ich sehr oft. Die Menschen wollen miteinander klarkommen, aber sie verstehen nicht, warum es trotzdem nicht funktioniert. Warum kamen denn brave, gute Bürger zu einer Veranstaltung, bei der sie einem ehemaligen Kriminellen zuhörten, den sie auch noch bezahlten – obwohl sie doch Kriminalität verabscheuten? Warum funktionierte es trotzdem nicht, dieses Zusammenleben von Fremd und Einheimisch? Der Saal war voll. Über 100 Leute. Nur noch mal zum Vergleich: Zur Buchpräsentation in Berlin, immerhin die viertgrößte türkische Stadt außerhalb der Türkei, kamen gerade siebzig. In Wittlich waren es fast ausschließlich ältere, bürgerliche, konservative Menschen aus Wittlich, und es war die Zeit, in der Thilo Sarrazins Buch herauskam. Ich konnte also durchaus mit dem einen oder anderen Rechtspopulisten rechnen, der mich vielleicht provozieren würde. Ich ging in die Offensive. Ob sich im Saal ein Anhänger seiner Thesen befand, fragte ich. Niemand meldete sich.

Manche sahen mich nur ziemlich durchdringend und skeptisch an. Andere wiederum wirkten einfach neugierig. Ich habe ja oft das Gefühl, dass die Deutschen allein die Tatsache beeindruckt, dass ich ein normales Hochdeutsch spreche. Das schafft eine Verbindung. Und gerade in diesen kleinen Orten erlebe ich viel mehr Resonanz als in den großen Städten. Obwohl es die gleichen Probleme gibt, ist die Bereitschaft zur Integration mit der meist türkisch-kurdischen Bevölkerung größer. Ich hatte einmal gedacht: Deutschland tut zu wenig. In Wittlich aber wurde mir klar: Die Bereitschaft ist da. Die Bürger wollen die Integration, und sie tun sehr viel dafür. Es bringt nur leider nicht den gewünschten Erfolg. Sie haben keinen Masterplan.

Ich auch nicht.

Bei der Schulveranstaltung am nächsten Tag gab es keine besonderen Vorkommnisse. 40 oder 50 Schüler hörten aufmerksam zu, davon vielleicht 15 mit Migrationshintergrund, eine Schule, die noch nicht gekippt war. Das übliche Opferpotenzial: die Gemobbten, die sich immer in die erste Reihe setzen, und ein paar der üblichen Machomigranten, die versuchen, Dominanz auszuüben, sich aber in meiner Anwesenheit zurückhalten. Ich erkenne sie sofort.

Interessant dagegen fand ich das Gespräch mit der Direktorin, einer Lehrerin und einigen der Machojungs im Anschluss. Wie man denn der Gewalt und Kriminalität vorbeugen und an die Jungs so rankommen könne, wollte die Direktorin wissen. Aha. Gab es also Ärger. Wie immer empfahl ich die Rekrutierung eines Sozialsheriffs.

»Ich bin hier der Sheriff«, sagte plötzlich die Lehrerin, eine ältere, resolute Dame, und befahl den Jungs recht barsch: »Ab jetzt!«

Die Jungs folgten, auch wenn ihr einer hinter ihrem Rücken einen Vogel zeigte. Ich blieb mit der Direktorin noch eine Weile im Raum sitzen. Eine Frau, die große interkulturelle Kompetenz besitzt, wie ich meine.

»Die Jungen brauchen Vorbilder. Das ist das Problem«, sagte sie.

»Glaub ich nicht. Das ist doch eine wohlhabende Gegend mit vielen mittelständischen Unternehmen und erfolgreichen Menschen. Wie viele von Ihren Kindern mit muslimischem Hintergrund schaffen es denn in diese Unternehmen? Wie viele werden dort ausgebildet und übernommen?«

»Keiner«, sagte sie. »In den letzten zehn Jahren kein Einziger.« Soweit sie das wisse, jedenfalls.

Das ist das Problem. Wenn es die Migrantenkinder nicht in diese Unternehmen schaffen, gibt es keine Vorbilder, denen sie nacheifern könnten. Egal, wie gut die Schule ist, egal, wie sehr sich die Lehrer anstrengen, die Psychologen, Quartiersmanager, Streetworker – solange die Unternehmen dicht machen, gibt es Parallelwelten, Aggression, Gewalt und Kriminalität. Wenn die Unternehmen ihnen die Türen nicht öffnen, gibt es überhaupt keine Bereitschaft, aus der Bequemlichkeit von Hartz IV herauszukommen.

Seit Jahren, sagte mir Frau Nels, versuche sie alles, die mittelständischen Unternehmen der Region dazu zu bewegen, diesen Jugendlichen eine Chance zu geben.

Vergebens.

Dumm gelaufen. Am Vorabend waren sicher einige mittelständische Wittlicher Unternehmer anwesend gewesen. Ich hätte sie fragen sollen, warum sie ihre eigenen Migrantenkinder nicht anstellen wollen. Aber vielleicht hat sich seither auch so etwas getan.

Die Osterweiterung der EU bringt
berechtigte Sorgen für die Unterwelt mit sich

Im Sommer 2010 waren die Medien beherrscht vom Thema der Osterweiterung der EU. Im Rahmen der Verträge standen Rumänien und Bulgarien kurz davor, dem Schengener Raum beizutreten. Es entstand in der Folge eine neuerliche Diskussion über die drohende Welle osteuropäischer Billig- und Tagelöhner, die nun ungehindert über das Land hereinbrechen konnte. Natürlich würden auf der Habenseite auch dringend benötigte Fachkräfte leichter ins Land gelangen, und man wog das Für und Wider ab; so weit, so gut. Ich trieb mich mal wieder auf der Potsdamer Straße herum. Ich mag die Potsdamer Straße. Sie ist eine ehrliche Straße. Sie gibt nicht vor, etwas anderes zu sein, als sie ist. Wettbüros reihen sich an Läden wie »McGeiz« und »Pennyland«, Dönerbuden, Sexshops und türkische Supermärkte. Dazwischen lebt noch Wiener Charme in der alten Joseph-Roth-Stube, man kann im »Ave Maria« Kruzifixe und geweihtes Wasser aus Lourdes kaufen und Zitronengras und Jakobsmuscheln im Asia-Markt. Afrikanische Frauen tragen die buntesten Röcke, die man sich nur vorstellen kann, die Straße ist laut und eine ewige Baustelle, wovon sich die Weltbevölkerung aber nicht abschrecken lässt.

Vor einem Café traf ich einen Kumpel, einen arabischen Aleviten. Ich setzte mich zu ihm, da kamen zwei »Bereicherer« über die Straße, die mein Freund gut kannte. (Das Wort »Bereicherer« muss ich an dieser Stelle vielleicht erklären: Maria Böhmer hat als Integrationsbeauftragte der Bundesregierung einmal bezüglich der Migranten in Deutschland den inzwischen berühmten Satz gesagt: »Diese Menschen mit ihrer vielfältigen Kultur, ihrer Herzlichkeit und ihrer Lebensfreude sind eine Bereicherung für uns alle.« Seither wird der Satz auf unzähligen Websites der NPD sowie auf »Politically Incorrect« als besonders verabscheuungswürdig mantramäßig wiederholt. Auf der anderen Seite hat sich aber auch die Migrantenszene dieses Satzes bemächtigt. Nicht ohne einen gewissen Humor nennen wir uns ganz gern »Bereicherer«.

Natürlich kann ich aber auch all diejenigen verstehen, die sich weniger bereichert fühlen, wenn sie von einer Begegnung mit Migranten ein blaues Auge davongetragen haben oder sich danach ein neues iPod kaufen mussten.) Da kamen also diese beiden Männer auf uns zu, libanesische Kurden, flüsterte mein Freund, aus zwei verschiedenen Großfamilien, bevor mein Freund sie mir vorstellte. Nennen wir sie »Ibo« (Ibrahim) und »Abu« (Abdullah).

Sie nahmen Platz. Beide sprachen ausgezeichnet Deutsch, waren höflich und zuvorkommend. Ende 20 und Mitte 30 etwa, smarte Typen. Natürlich erkannte ich sofort, dass die beiden einen gewissen Lebensstil pflegten, der nicht ausschließlich mit legalen Mitteln zu erhalten war und auch nicht durch Kleinkriminalität. Kurzum: Es waren echte Gangster.

Wir kamen ins Gespräch. Wie das denn in Berlin hier so sei, wollte ich als Hamburger ganz unbefangen wissen. Lange Zeit, meinte Ibo, der Ältere, sei das hier ein Paradies gewesen, ein Schlaraffenland, und man habe recht unbehelligt seinen Geschäften nachgehen können, weil die Justiz gelegentlich auch mal eine Akte einfach verloren habe. Das habe sich in den letzten Jahren aber dramatisch geändert.

Sein Bruder sei gerade für sechs Jahre eingefahren, ein anderer Bruder habe mehrere Anklagen. Das bereite ihm schon Haarausfall, sagte Abu, der Jüngere. Überall nur noch Ratten, selbst den eigenen Cousins könne man kaum noch trauen, sagte Ibo, der Ältere.

»Jetzt machen alle auf Zeugen, damit sie ihre eigene Haut retten können«, sagte Ibo.

»Jawohl«, sagte Abu, das Klima werde rauer. Im Rahmen der Themenbereiche Einwanderung und Politik tauchte plötzlich das Wort Krise auf, und dann waren wir mitten in der Osterweiterung der EU. Noch habe man ja vieles in der Hand, sagte Ibo, aber im Zuge dieser Osterweiterung der EU werde sich das wohl ändern, sehr zu aller Nachteil.

»Bulgarien und Rumänien, das macht mir echt zu schaffen«, sagte Ibo.

Das erstaunte mich.

»Die Zigeuner! Ist doch klar: Da kommen die Zigeuner, das sind Tausende, alles Clans, die sind einfach zu viele. Wie sollen wir uns da noch wehren?«

Da fiel es mir erst auf. Gangster arbeiten mit Furcht. Auch gegenseitig. Man weiß voneinander, man weiß, wo die Familien wohnen. Das schafft eine Art Gleichgewicht des Schreckens, eine Pattsituation. Osteuropäische Gangster und Clans der Sinti und Roma dagegen kommen und verschwinden wieder. Niemand weiß, wo sie leben und wer sie sind, wo der Clan zu finden ist.

»Die können hier Straße um Straße übernehmen, und wir wissen nicht, wie wir uns schützen sollen«, sagte Ibo.

Ich musste schmunzeln. Da machten sich harte Berliner Gangster libanesischer Herkunft in rassistischer Manier durchaus berechtigte Sorgen über die Osterweiterung der EU; über diesen Aspekt hatte ich noch gar nicht nachgedacht. Das deckt sich aber auch mit den Aussagen vieler (nicht krimineller) Migranten, die ich treffe: Sie wollen keine weitere Einwanderung, aus welchen Ländern auch immer.

So hat eben jeder seine Sorgen. Die alten Migranten regen sich auf über die neuen Migranten, und in der Unterwelt haben es selbst hart arbeitende Zuhälter und Schutzgelderpresser heute schwer, ihren Wohlstand zu erhalten.

Da kann man nix machen. Die Decke wird kürzer, allenthalben.

Senol, der Manager

Einer, der es dagegen geschafft hat, und das auf völlig legalem Weg, ist mein Freund Senol. Senol ist ein so genannter nachgezogener Türke. Senol ist der Nachbar meines Cousins in Schöneberg. Er ist im Alter von zehn Jahren zu seinen Eltern nach Deutschland gekommen. Bis dahin lebte er bei seiner Großmutter in Istanbul. »Eigentlich war sie zu dieser Zeit meine Mutter. Zu meinem Vater hatte ich überhaupt keinen Bezug«, sagt Senol. Dann kam er nach Stuttgart-Vaihingen. Sein Vater arbeitete dort als Gabelstaplerfahrer, die Mutter im Akkord am Band. Als Zehnjähriger lernte er zunächst ein Jahr Deutsch in der sogenannten »Internationalen Klasse«. Dort waren auch 15- und 17-jährige Jugendliche. In Istanbul hatte Senol bereits die Grundschule absolviert – alle Fächer mit Eins. Dann wurden die Schüler eingeteilt. Niemand aus der Internationalen Klasse kam auf ein Gymnasium. Auch Senol nicht. Man hat ihn gleich abgeschoben in die Hauptschule. »Meine Eltern hatten keine Ahnung vom deutschen Schulsystem.«

Das Wort »Kümmeltürke« hörte er oft. Aber Senol war ein »schüchterner und braver Junge«, sagt er von sich selbst. Er hat das einfach geschluckt. Dann bekam Senol eine neue Lehrerin, die sein Talent erkannte und ihn in die Förderklasse einer anderen Schule brachte. Er machte den Hauptschulabschluss mit 1,1, beendete die Realschule mit 2,0 und das Abi mit 2,3.

Senol ist heute Wirtschaftsingenieur mit dem Abschluss einer Eliteuniversität und Manager der Daimler Benz AG im Bereich Sales & Marketing. Senol war tüchtig – und er hatte Glück.

»Ich bin dieser Lehrerin sehr dankbar«, sagt er.

Senol gehörte als Jugendlicher in Stuttgart zu einer Clique, die nur aus türkischen Jugendlichen bestand. Nachgezogene. Dort fühlte er sich sicher. »Da waren schon ein paar große Nummern dabei, und ich war der gute Junge, den sie beschützten.« Senol ist der Einzige aus dieser Clique, der es geschafft hat.

Viele Türken meiner Generation verdrängen und vergessen gern, wie sie einmal aufgewachsen sind. Aber die Dinge holen uns ein. Die meisten Nachgezogenen haben damals – anders als Senol – die Arschkarte gezogen. Als sie immer wilder wurden, wollten ihre Väter sie zähmen und verheirateten sie mit jungen Mädchen aus der Türkei. Dann wurden viele dieser jungen Männer tatsächlich ruhiger. Aber ihre Deutschfeindlichkeit ist geblieben. Sie gaben sie an ihre Kinder weiter. Diese Kinder sprechen plötzlich wieder schlechtes Deutsch, obwohl sie hier geboren sind. Das ist das Paradox. Sie machen denselben Mist wie ihre Väter. Sie wandern wie in den 80er-Jahren in die Kriminalität ab, weil da einfach Geld zu verdienen ist.

Senol hat heute keine Probleme mehr. Weil er Akademiker ist. »Ich muss nicht härter arbeiten als die Deutschen, um dasselbe zu erreichen«, sagt Senol.

Aber reicht das – um sozialen Frieden und vielleicht sogar so etwas wie eine Aussöhnung zu erlangen?

Der Helvetier oder die zwingend überlegene Intelligenz

Im Netz halte ich mich gern mal bei ›Zeit-online‹ auf. Da gibt es einen interessanten Blog, bei dem jeder mitmachen kann. Ich streite mich, provoziere manchmal und lerne viel. Da taucht eines Tages ein Kombattant namens »Freespeech« auf. Er meinte, dass die meisten Diskutanten in diesem Blog einen IQ von über 130 hätten, also genetisch überlegen seien. Er sei ein glühender Anhänger der Thesen Thilo Sarrazins und verteidige diesen bei jeder Gelegenheit. Bravo. Ich beobachtete die Beiträge von Freespeech. Er ließ sich nie mit mir auf einen direkten Chat ein, schrieb nur Kommentare zu meinen Kommentaren, schrieb Dinge wie: »Herr Gülay, so ist das nun mal, ich war auch mal im Ausland, für einen Migranten ist es wohl besser, sich im Handel oder in der Gastronomie selbstständig zu machen und gar nicht erst zu versuchen, in Führungspositionen zu gelangen.«

Seine kraftstrotzenden Beiträge tauchten auch auf anderen Websites auf, und eines Tages entdeckte ich ihn auf PI, »Politically Incorrect«, meiner Lieblings-Hass-Seite vor Wut schäumender Rechtspopulisten, verblödeter Nazis, geifernder Hausfrauen und selbst ernannter Konservativ-Intellektueller. Ich dachte natürlich immer, Freespeech müsse ein Deutscher sein. Eines Tages sprach er mich auf ›Zeit-online‹ persönlich an.

»Hören Sie doch mal auf, Herr Gülay, immer gleich beleidigt zu sein. Muslime müssen immer gleich gekränkt sein.«

»Ja, Freespeech, mein PI-Freund und deutscher Germanenfürst, Sie jammern ja nie.«

Da schaltet sich jemand mit dem Pseudonym »Publicola« dazwischen: »Nein, er ist Helvetier.«

Darauf Freespeech an Publicola: »Das wird ihn erst mal eine Zeit lang beschäftigen.«

Gülay an Freespeech: »Ah Freespeech, gruezi! Da haben wir beide etwas gemeinsam: Wir kommen aus den Bergen. Hatten Sie auch wie mein Vater eine Lieblingsziege?«

Albern, zugegeben, und dann lädt Publicola zu allem Überfluss noch ein Heidi-Video von Youtube herunter, in dem Heidis Freund Ziegen-Peter mit seiner Herde unterwegs ist und sich auf Türkisch mit den Tieren unterhält. Er stellt das Video in seinen Kommentar.

Freespeech ist auf einmal tödlich beleidigt. Wo er sich doch vorher so köstlich über das muslimische Dauergejammer amüsiert hatte, beschwert er sich nun bitter über meine und Publicolas humoristische Attacke.

Freespeech und ich sind uns im Netz noch oft begegnet. Was soll ich sagen. Das Eis ist gebrochen. Den genetisch überlegenen Helvetier und mich verbindet heute eine durchaus respektvolle gegenseitige Abneigung. Nein, das stimmt nicht. Ich mag ihn. Und ich kann ihm nie wirklich böse sein. Er ist im Umgang mit mir von seinem hohen Ross herabgestiegen. Wir sind vielleicht sogar Kumpels. In dem einen oder anderen Fall hat er mich schon verteidigt, und im Grunde ist mir jemand wie Freespeech lieber als so mancher Gutmensch.

Die Gutmenschen erzählen uns ständig, alle seien gleich, und in unseren westlichen Demokratien würden auch alle gleich behandelt. Freespeech war nie dieser Ansicht. Er meinte, in jedem westlichen Land würden Migranten automatisch benachteiligt. Er meint ebenso: Macht euch selbstständig, und sei es im Obst- und Gemüsehandel, wenn das nun mal eine der wenigen Lücken ist. Ihr müsst einfach doppelt und dreifach arbeiten, denn es gab nie eine Chancengleichheit und gibt es heute nicht.

Ich habe eine Weile gebraucht, bis ich ihn verstanden habe. Er hat ja nicht ganz unrecht. Wenn ein deutscher Jugendlicher 70 Bewerbungen schreiben muss, dann muss ein Migrant eben 700 schreiben, bis er eine Ausbildung oder als Akademiker eine entsprechende Anstellung bekommt. Das Establishment verkauft uns aber seit Jahrzehnten etwas anderes. Es verkauft uns Chancengleichheit und Lügen. Es verarscht uns, und diese Verarschung schafft die Frustration. Helmut Schmidt hat 1982 klar gesagt: Bei Jobs stehen deutsche Bewerber nun mal an erster Stelle. Er sagte den Migranten: Ihr müsst euch hinten anstellen, aber versucht es weiter. Das war wenigstens ehrlich. Das war die Realität. Ich finde, mit dieser Ehrlichkeit kann man besser leben. Thilo Sarrazin sagt dagegen, die Türken seien unproduktiv außer im Gemüsehandel, und eine große Mehrheit stimmt dem zu. Das ist das Unfaire: Es stimmt zu einem gewissen Teil, aber aus anderen Gründen. Denn die andere Seite ist: Es gibt eine Ausgrenzung auf dem Arbeitsmarkt. Man kann jemanden nicht von der Produktivität fernhalten und ihm diese Unproduktivität zugleich vorwerfen.

1982 hat es Helmut Schmidt noch klar gesagt, aber 1989 sagte es niemand mehr: Nach der Wende wurden die Ostdeutschen den Migranten bei der Jobvergabe gern vorgezogen, um die Lebensverhältnisse sobald als möglich anzugleichen. Das ist meine feste Überzeugung, auch wenn sich das nicht beweisen lässt, und ich behaupte einmal: Fast alle haben mitgemacht.

2010 stellt sich Thilo Sarrazin ins Fernsehen und sagt: Ihr wollt ja gar nicht arbeiten. Das ist nicht nur Verarschung, das ist ein Angriff auf die Würde des Menschen. Das daraus resultierende Minderwertigkeitsgefühl respektive Vorurteil wird in die nächste Generation weitergetragen und schafft neue Ressentiments und Antriebslosigkeit. Vielleicht hat Sarrazin in manchem recht. Aber Halbwahrheiten bringen uns nicht weiter.

Kurze Interviews mit fiesen Lehrern

Im besseren Teil Kreuzbergs leben viele Künstler und eine kleine akademische Elite. Man ist grün oder linksalternativ, die ›taz‹ am Morgen gehört noch immer zum guten Ton und Thilo Sarrazin zumindest nicht zu den regelmäßigen Kaffeehausgängern dieser Gegend, auch wenn dort gern Wasser gepredigt und staubtrockener Medoc getrunken wird. Dazu gehört auch, dass ich zum Schulfest eingeladen werde. Ich darf in diesem Fall den Namen der Schule nicht nennen, selbstverständlich auch nicht die Namen der Lehrer, um die es hier geht. Man muss das verstehen. Staatsdiener sollten sich mit ihrer Meinung zurückhalten. Man könnte sie zur Verantwortung ziehen, sie in die tiefsten Ostprovinzen versetzen oder ihnen einen Einlauf im Dienstzimmer verpassen; der Staatsdienst ist in der deutschen Tradition kein Hort exzessiver Meinungsfreiheit, und Traditionen soll man nicht ändern. Man hört aber allenthalben, die Lehrer seien unzufrieden, besonders in Vierteln wie Kreuzberg.

Die Lehrerin, die mich einlud, war zu dieser Zeit noch Referendarin. Sie schwärmte von der Schule und ihren Kindern, die so süß seien und so niedlich, und sie verstünde sich ganz wunderbar mit ihren Küken, schließlich hatte sie selbst einen Migrationshintergrund.

Die Lesung fand unter Aufsicht zweier älterer deutscher Lehrer statt. Draußen wurde dann irgendwann ein Fußballturnier veranstaltet, weshalb sich die meisten Jungs mittendrin verabschiedeten und mehrheitlich die Kopftuchfraktion übrig geblieben war. Aber von wegen Kopftuchfraktion. Diese Mädchen waren mitnichten schüchtern. Eher streitlustig, ziemlich dominant und forsch.

»Ich hau dir auf die Fresse«, schnauzte ein Mädchen einen Jungen an, als dieser, wie sie fand, Blödsinn redete. Sie stritten und fauchten derart, dass ich dazwischengehen musste. Das waren mit Abstand die unkonzentriertesten, aggressivsten, hyperventilierendsten, ADHS-gestörtesten Blagen, die ich je gesehen habe. Am Ende stand die maulende Myrte beleidigt auf und verließ das Klassenzimmer.

Ich fragte nun die Mädchen, sie waren alle um 15 und 16 Jahre alt, warum sie Kopftücher trugen.

»Freiwillig, aus Überzeugung«, gaben sie an.

»Und warum tragt ihr keines?«, wollte ich von den wenigen anderen Mädchen wissen, die barhäuptig in der Klasse saßen. Bevor sie antworten konnten, antwortete ein Mädchen mit Kopftuch:

»Das werden sie aber. Und zwar bald! Stimmt doch. Ist es nicht so?«

Die vier oder fünf Mädels ohne Kopftuch nickten recht verschüchtert.

»Wenn wir 18 sind, werden wir auch ein Kopftuch tragen«, sagte eines dieser Mädchen.

Offenbar kamen sie aus einem liberalen Elternhaus. Sie durften wohl von Zuhause aus kein Kopftuch tragen und mussten warten, bis sie 18 waren. Das hörte sich zumindest sehr integriert und liberal an: Auch deutsche Mädchen müssen schließlich bis zur Volljährigkeit warten, wenn sie eine Entscheidung durchdrücken wollen, mit der ihre Eltern nicht einverstanden sind. Die restlichen Jungs hielten in diesem Moment ohnehin die Klappe. Keine Spur von Machismo mehr.

Nun gut.

Die Wortführerin der Kopftuchmädchen schien zufrieden. Ich stellte die nächste Frage. »Was habt ihr denn für Probleme an dieser Schule?«

Wieder meldete sich ein Kopftuchmädchen.

(Sorry, das klingt vielleicht komisch, aber mir fällt tatsächlich kein besserer als der Sarrazin-Begriff ein. Und an dieser Stelle würde ich gern eine Klammer aufmachen: Es gibt Kopftücher in allen Farben. Grün, gelb, lila, geblümt, gescheckt, kariert, es gibt Seidenkopftücher und Leinenkopftücher, es gibt keusche und sexy Kopftücher. Wenn wir den schönen Begriff »Kopftuchmädchen« verwenden, sollten wir uns darüber im Klaren sein, dass ein Kopftuch nicht gleich ein Kopftuch ist.

Zunächst gilt in Berlin: Für mich tragen gefühlte 90 Prozent aller Mädchen aus dem muslimischen Kulturkreis kein Kopftuch. Lange schwarze Haare prägen Gott sei Dank das Stadtbild. Die Mädchen sind modisch gekleidet, top gepflegt, tragen oft High Heels, sie geizen nicht mit ihrer Schönheit und haben gelegentlich eine merkwürdige Vorliebe für quietschbunte Plastikfingernägel. Berlin ist wohl nicht zuletzt deshalb eine der Städte mit den hübschesten Mädchen Deutschlands. Wie oft habe ich mir schon den Kopf verrenkt nach diesen reizenden Farbtupfern in den Straßen, die ein wirklich netter Kontrast sind zu den Öko-Latzhosen zum Beispiel am Prenzlauer Berg.

Manchmal sieht man in Berlin auch folgendes Bild: Ein freizügig gestyltes junges Mädchen und daneben die Mama mit Kopftuch. Oder drei Schwestern, die ich kenne: eine mit bauchfreiem Top und Tattoos, die andere eher Öko und die dritte verhüllt bis auf das Gesicht. Es gibt Mädchen, die islamisch-konservativ Kopftuch und lange Kleider tragen, aber gleichzeitig in der Schule wie am Arbeitsplatz recht integriert scheinen und durchaus selbstbewusst auftreten. Dann gibt es Mädchen, die ein Kopftuch tragen und dazu enge Leggings oder Jeans. Das ist die überwiegende Mehrzahl. Sie flirten bis aufs Messer, sind grell geschminkt und frech. Sie tragen zwar ein Seidenkopftuch, sind aber gleichzeitig der mit den Hüften wackelnde Widerspruch auf hohen Schuhen. Gerade darin liegt ja ein gewisser Reiz. Wenn man in den Talkshows stets besonders hochgeschlossene muslimische Frauen präsentiert, bekommt man einen falschen Eindruck. Nicht alle Kopftuchmädchen sind unterdrückte Opfer. Das ist Unsinn und ganz sicher nicht der Untergang des Abendlandes. Im Gegenteil: Manche sind gar nicht so unschuldig, wie sie wirken. Nicht selten stacheln sie ihre Brüder und Cousins schon mal an. Einige junge Männer, die eigentlich versuchten, sich aus dem Gröbsten herauszuhalten, erzählten mir immer wieder von ihren braven kleinen Cousinen, die sie dazu aufgefordert hatten, ihre Ehre zu verteidigen. Selbst aus Nichtigkeiten, weil ihnen angeblich jemand hinterhergepfiffen oder in der Öffentlichkeit ihre Telefonnummer verlangt habe, oder weil sie jemandem eins auswischen wollten, der sie einfach links liegen gelassen hatte. Es gibt ja auch fiese Mädchen. Klammer zu.)

»Die Lehrer sind ausländerfeindlich und rassistisch«, sagte das Mädchen.

Alle anderen Kopftuchmädchen nickten. Der deutsche Lehrer neben mir zuckte zusammen und bekam einen roten Kopf.

»Wie, ausländerfeindlich? Was haben sie denn zu euch gesagt? Scheiß-Muslime, Scheiß-Türken, Scheiß-Araber?«, fragte ich.

»Nein, das nicht«, sagte die Schülerin.

»Was haben sie denn dann gesagt?«

»Sie schreien uns an.«

»Das ist für mich nicht ausländerfeindlich«, sagte ich.

Da platzte dem Lehrer der Kragen.

»Das kann doch nicht angehen! Das ist eine Unverfrorenheit! Meine Kollegen darzustellen, als wären sie ausländerfeindlich! Solche Unwahrheiten in die Welt zu setzen«, schrie er und prustete.

Die Schüler verschwanden mit dem Pausengong. Der Lehrer erholte sich noch einen Moment und ging seiner Wege. Da kam eine deutsche Lehrerin, die zweite Aufsichtsperson, zu mir, die bis dahin kein Wort gesagt hatte.

»Wissen Sie, was hier los ist?«

Ich sah sie mit großen Augen an.

»Die meisten Lehrer können nicht mehr. Fast alle meiner Kollegen sind früher mal Multikulti gewesen. Sie fuhren im Urlaub in die Türkei, nach Marokko und Tunesien. Heute fährt niemand mehr in diese Länder. Die haben die Schnauze voll. Von dieser Religion, von diesen Schülern, diesen ganzen Problemen. Das ist die Wahrheit, und es ist auf fast allen Berliner Schulen so, man darf es nur nicht sagen.«

Draußen im Gang traf ich den Lehrer wieder, als ob er dort auf mich gewartet hätte.

»Tut mir leid, dass die Sache so abgelaufen ist. Das war bestimmt nicht schön für Sie.«

»Macht nix. Ich bin ja nur einen halben Tag hier, machen Sie sich um mich keine Sorgen. Ich könnte es hier auch nicht länger aushalten. Sie tun mir leid«, sagte ich dem Mann.

»Es sind ja nicht alle Schüler so«, beschwichtigte er. »Meine Klasse ist anders.«

Der Mann schwieg eine Weile. Dann platzte es wieder aus ihm heraus.

»Ich kann es nicht mehr ertragen. Diese ständigen Vorwürfe, diese Sticheleien, und wenn man etwas sagt, sind wir die Nazis und sie laufen zu ihren Eltern. Wissen Sie, was mein größtes Problem ist, Herr Gülay? Ich will aufhören. Hinschmeißen. Ich will nicht mehr. Mein Leben lang habe ich mich für Integration und Aussöhnung eingesetzt. Und diese Schüler bringen mich dazu, sie zu hassen. Sie zerstören alles, woran ich geglaubt habe. Und wissen Sie, was noch schlimmer ist? Wir übernehmen die Verhaltensweisen dieser Schüler. Es stimmt. Wir schreien, wir fluchen und drehen durch.«

Der Mann begleitete mich noch bis zum Ausgang des Schulhofs. Dort fand jetzt ein kleines Rap-Konzert statt, die Schüler bildeten eine Traube um die Künstler. Ich verabschiedete mich. Ich klopfte ihm auf die Schulter und sagte ihm, dass ich ihn verstehen würde.

Ich glaube nicht, dass ich ihm irgendwie hätte helfen können. Ich glaube vielmehr, dass die Mehrheit der Lehrer an diesen hochprozentigen Migrantenschulen, an denen es täglich kippt, wirklich arme Schweine sind. Das Schlimmste, das man zu einem Gutmenschen, der sich für Amnesty International einsetzt, bei jeder Katastrophe in Afrika spendet und sich wirklich Gedanken macht, sagen kann, ist, er sei ein Nazi. Das ist dasselbe wie früher, als man zu mir Kanake sagte. Eigentlich sollten die Schüler von den Lehrern sozialisiert werden und nicht umgekehrt. Wenn stattdessen der Lehrer »Ey, Alder« sagt und kurz drauf zuhaut, ist irgendwas falsch gelaufen in diesem Land.

Übrigens klagt auch die junge Referendarin mit Migrationshintergrund, seit sie in den Lehrdienst übernommen wurde und nicht mehr die beste Freundin ihrer Schülerinnen sein kann, über ein zunehmendes Burn-out-Syndrom. Also nach nur sechs Monaten. Ständig Gewalttaten, ständig sei die Polizei im Schulhof, ständig gebe es Scherereien, Prügeleien, Pöbeleien.

Nur ein kleines Beispiel: Ein Schüler (natürlich mit Migrationshintergrund) hatte irgendwo eine Kreditkarte mitgehen lassen. Dann kaufte er mit seinen Kumpels (natürlich mit Migrationshintergrund, die kleinen Muruks) bei Kaiser's für 1200 Euro ein.

Natürlich flog der Betrug auf.

Die besten Freunde aber, die der Schüler so großzügig mit der geklauten Kreditkarte eingeladen hatte, folterten ihn auf der Toilette der Schule. Sie drückten Zigaretten auf seiner Hand aus und zerquetschten sie in der Tür, damit er bei der Polizei ihre Namen nicht preisgab.

Der jungen Lehrerin geht das an die Nieren. Neulich las sie an einer Wand im Schulhof ein Graffiti:»Hure, Schlampe.« Darunter stand ihr Name.

Meine liebe Cousine und Ministerin
in Baden-Württemberg

»Ich wollte nicht das kleine Kanakenkind sein, das unterdrückt wird«, sagt Bilkay. »Ich wollte dazugehören. Ich habe das durch Bildung aufgebrochen, aber auch durch meine Persönlichkeit. Durch Fleiß, Humor und Charme.« In dem Film ›Gran Torino‹ von Clint Eastwood gibt es eine Schlüsselszene. Da sagt ein koreanisch-amerikanisches Mädchen zur Hauptfigur, einem rassistischen, polnischstämmigen Kleinbürger, der später über sich hinauswachsen und einen koreanischen Einwandererjungen mit seinem Leben schützen wird: »Wir Mädchen gehen auf die Uni und unsere Jungs in den Knast.«

So ist es.

Aber die Mädchen haben es oft genauso schwer, manchmal vielleicht noch schwerer. Sie dürfen nichts, wenn sie jung sind. Weil selbst liberale Väter Angst haben, der Ruf der Familie könnte entehrt werden. Dieser Ruf kann aber schon allein dadurch entehrt werden, dass ihre Töchter in eine Diskothek gehen.

Meine Cousine Bilkay Öney wurde in Malatya in Ostanatolien geboren und wuchs in Spandau auf. Sie war zwei Jahre alt, als sie nach Berlin kam. Bis dahin war sie bei ihrer Tante gewesen. Es ist das Schicksal vieler Emigrantenkinder, dass sie 1973 nach Deutschland kamen, weil es in diesem Jahr den Anwerbestopp gab.

Bilkay war das einzige türkische Mädchen in ihrer Klasse. Ich weiß, dass sie enorm fleißig sein musste, um anerkannt zu werden. Und sie war enorm fleißig. Sie hat jeden Tag geübt. Sie hatte gute Noten, das hat ihr Anerkennung verschafft. Bilkay hat studiert und Karriere gemacht.

Sie war migrationspolitische Sprecherin der Fraktion Bündnis 90/Grüne in Berlin, Abgeordnete der SPD im Berliner Landtag und ist jetzt Ministerin der ersten Grün-geführten Regierung Baden-Württembergs. Sie kümmerte sich um Jugendliche, die straffällig geworden waren, beschäftigte sich mit Islamismus, Radikalismus und Neonazis.

»Wenn wir über kriminelle jugendliche Migranten reden, ist die Gefahr bei den Jungs schon größer. Sie sind auch aggressiver, das liegt an ihrer Erziehung. Türkische Mädchen dagegen sind wohlbehütet«, sagt Bilkay.

»Du durftest als junges Mädchen keinen Freund haben, und wenn, dann hättest du ihn gleich heiraten müssen ...«

»Es war nie so, dass ich rebelliert habe, zu Hause. Ich wollte alleine sein und Bücher lesen. Ich wollte gar nicht raus oder in die Disco. Ich bin auf Klassenfahrten gegangen, habe am Schwimmunterricht teilgenommen, für mich war das ganz normal. Mein Vater war sehr liberal. Als ich mit 19 meinen ersten Freund hatte, sprach ich zuerst mit ihm darüber.«

»Und warum ist die Situation der türkischen Mädchen heute nicht sehr viel anders als vor 20 Jahren?«

»Weil die Mädchen ihre Tradition nicht aufgeben. Weil sie sie konservieren. Das ist ja das Ding bei Konservativen. Man konserviert alte Werte. Nur Tradition zählt. Deswegen gibt es Ehrenmorde. Das ist nicht Teil der Kultur, sondern der Tradition. Tradierte Rollenmuster zu verändern ist enorm schwierig. Wie wollen wir das denn hier mit ein bisschen Integrationspolitik aufbrechen?«

»Gute Frage ...«

»Das muss von allein kommen, aus der Gemeinde heraus. Die Menschen müssen sich entwickeln. Das Interessante ist, dass sich die Menschen in der Türkei viel weiter entwickelt haben als hier. Weil sie sich dort nicht jeden Tag gegen Vorurteile wehren müssen. Hier wachsen die Jungen auf in dem Wissen, dass sie nicht akzeptiert sind. Sie laufen ständig total alert durch die Straßen, und wenn du einen Türken ansiehst, sagt er schon: Was guckst du?«

»Ist es nicht so, dass viele Jungen heute wieder keine Zukunft haben – außer in einer Banden- und Mafiastruktur?«

»Ja, das stimmt. Wobei die Jungen auch wenig Geduld haben. Die meisten wollen ziemlich schnell ziemlich viel Geld haben. So funktioniert das aber nicht. Deswegen schließen sie sich diesen mafiösen Strukturen an, haben aber auch dort meist wenig Erfolg. Sie landen im Knast. Sie werden nicht reich, sie sind Opfer, auch dort. Deswegen kann ich den Jungs nur raten: Findet euch nicht mit der Ausrede ab, es klappt ja sowieso alles nicht und ich bin der Loser. Wenn ich mir das eingeredet hätte, wäre aus mir auch nichts geworden.«

»Aber du bist in eine deutsche Klasse gegangen, und deine Eltern haben dich unterstützt. Dein Vater war Lehrer. Diese Kinder werden nicht unterstützt, und sie gehen auf diese Rattenschulen, die nur von Migranten besucht werden ...«

»Das hat die Politik zu verantworten. Aber wo sollen wir diese Kinder denn hinschicken?«

»Wir könnten sie, wie in den USA, nach Quoten und mit Bussen auf alle Schulen verteilen. Warum sollte ein türkisches Mädchen aus Neukölln nicht eine Schule in Zehlendorf besuchen?«

»Das will ja keiner. Die Deutschen wollen das nicht und die Türken auch nicht. Aber jedes zweite Kind, das in Berlin zur Welt kommt, hat einen Migrationshintergrund. Die kann man ja nicht auf den Mond schicken. Also müssen wir hier für sie Lösungen finden.«

»Okay. Also, was muss sich ändern?«

»Wenn ich einen Zauberstab hätte? Wir kommen ja nicht in die Häuser rein. Deswegen müssen wir die Schulen zu Familienzentren ausbauen, in denen Kinder und Eltern Hilfe in Erziehungsfragen bekommen. Es gibt zum Beispiel in Berlin gute Projekte, bei denen Mütter ihre Kinder zur Schule bringen und gleich dort bleiben, um selbst Deutsch zu lernen. Nur – es fehlt an Geld. Die Stadt ist arm. Da wird am falschen Ende gespart.«

»Und wenn wir das Kindergeld halbieren und dafür Schulen schaffen, wo Kinder bis abends gut aufgehoben sind?«

»Wenn es nach mir ginge, würde ich das machen. Wie in Frankreich. Das ganze Kindergeld in Schulen und Kitas stecken, jedem Kind einen Platz garantieren und diesen zur Pflicht machen. Statt einem Karneval der Kulturen sollte man wie in Amerika eine ›cultural awareness‹ einführen: Jedes Kind erklärt dem anderen seine Kultur. Oder Nachbarschaftswochen, bei denen man zusammen das türkische Opferfest, Chanukka oder auch einen Hindubrauch feiert.«

»Klingt gut. Aber hat sich die Mitte der Gesellschaft, egal, ob konservativ, links oder liberal, nicht längst von den Migranten verabschiedet?«

»Studien belegen, dass der Rassismus in der Mitte der Gesellschaft angekommen ist. Deswegen hat Thilo Sarrazin ja so viel Zustimmung bekommen.«

»Der sagt ja auch, die Türken sind nicht integrationswillig, wir jammern immer nur. Ich finde, dass diese Leute viel mehr jammern und hetzen. Und als Lösung kommt dann: Kriminelle abschieben.«

»Jammern und Hetzen ist keine gute Kombination. Populistische Forderungen zündeln nur. Und es stimmt nicht einmal. Wer deutscher Staatsbürger ist, kann gar nicht abgeschoben werden.«

»Jetzt müssen ja alle, die einen Pass wollen, einen Deutschtest machen. Ist das nicht eine Machtdemonstration? Du machst den Test jetzt, und wenn ich will, dass du 25 Purzelbäume schlägst, dann machst du das auch ...?«

»Da hast du recht.«

»Und warum kann Otto Schily als ehemaliger RAF-Anwalt Innen- und Joschka Fischer als Steineschmeißer Außenminister werden, aber einem Türken wie mir, der kriminell war, sich selbst resozialisiert und ein Buch geschrieben hat, glauben viele kein Wort?«

»Na ja, weil du eben Türke bist …«

Liebe Bilkay, danke für dieses Gespräch.

Theater ist besser als Boxen

Ich habe eine Freundin namens Lena. Lena erzählte mir vom Berliner Jugendtheaterbüro, eine Art Laientheater, bei dem sie begeistert mitspielt und sich engagiert. Ein Projekt, gefördert von mehreren sozialen Trägern, Theatern, Universitäten und einer Radiostation.

Sie stellte den Theaterleuten mein Buch vor und brachte mich mit Ahmet zusammen, einem englischen Pakistaner, der in einem sozialen Brennpunkt Londons aufgewachsen ist. Ahmet ist Regisseur geworden. Er hatte mein Buch begeistert gelesen, wollte aus dem Stoff ein Stück machen und am Jugendtheaterbüro inszenieren. Zuerst luden sie mich zu einer Lesung ein. Anders als in den Schulen hatten die Jugendlichen dort das Buch alle bereits gelesen.

Das war wirklich multikulti. Sie kamen aus Aserbeidschan wie dem Libanon, der Türkei wie Kolumbien und Deutschland. Bei der Veranstaltung fiel mir ein junger Aserbeidschaner auf, Elvin, eher so ein Straßentyp. Umso erstaunter war ich, als nach der Lesung plötzlich seine Eltern und eine ganze Schar seiner Verwandten vor mir standen. Alle sehr elegant und bürgerlich gekleidet.

Der Vater umarmte mich und sagte inbrünstig: »Danke!« Daraufhin umarmten mich alle bis zur Oma. Ich war gerührt, aber ich wusste gar nicht, warum sie mich derart herzten. Es stellte sich heraus, dass mein Buch für Elvin der letzte Kick gewesen war, um endgültig einzusehen, dass eine Karriere auf der Straße Mist ist. Elvin macht heute übrigens eine Ausbildung als Kommunikationsdesigner.

In diesem Theater geht es um »konfrontative Pädagogik«. Das bedeutet, es werden im Theater Szenen gespielt, die etwas mit Aggressionen zu tun haben, die aber im Rahmen des Stücks verbal gelöst werden. So in der Art jedenfalls. Ich halte das für durchaus sinnvoller als zum Beispiel Boxen. Es gibt eine Vielzahl sozialer Projekte, die Boxen als ein Mittel propagieren, Aggressionen abzubauen und Disziplin und Respekt aufzubauen. Ich kann das als ehemaliger Kampf-sportler nicht uneingeschränkt bestätigen.

Aus mir war trotzdem ein Krimineller geworden, und ich erinnere mich daran, dass einer der arabischen Täter eines spektakulären Casino-Überfalls am Potsdamer Platz aus dem Jahr 2010, ein 19-jähriger junger Mann, bei der Polizei-boxschule Berlin boxte. Da will man von der Gewalt weg und bekommt dazu Gewalt beigebracht. Die Verlockung, das Erlernte auch mal einzusetzen, ist nicht gering.

Ganz anders das Berliner Jugendtheater. Da gibt es zwei Männer mit so genannter »street credibility« – »Straßen-Glaubwürdigkeit«, wörtlich übersetzt. Also Leute, die selbst in der Szene gewesen sind, sich dort einen gewissen Respekt »erarbeitet«, aber letztlich den Ausstieg geschafft haben. Leute wie ich eben.

Diese Leute können natürlich etwas anderes erzählen als der klassische Sozialarbeiter. Man geht heute davon aus, dass diese Streetworker die Jugendlichen eher erreichen. Es gibt aber auch klassische Sozialarbeiter und Theaterleute am Projekt. Die Kombination ist sehr gut. Es ist sozusagen ein ganzheitlicher Ansatz. Man kümmert sich um die Schule, um klassisches Theater sowie um klassische Probleme mit der Polizei.

Ich fühlte mich dort gleich wohl und hatte eine guten Draht zu den Jugendlichen. Das Theaterprojekt ›Türken-Sam‹ lockte recht viele an. Es wurde fleißig geprobt. Bis die Jugendlichen irgendwann erkannten, und einer der Jugend-lichen sagte das auch mal bei einem TV-Interview, dass es gar nicht um mich, sondern um ihre eigene Identität ging. Dass sie zunehmend ihr eigenes Leben in das Stück miteinbrachten. So entwickelte sich das Stück ständig.

Zwischenzeitlich kamen zwei Anfragen von renommierten Theatern, Schaubühne und Ballhaus, die das Stück gern übernehmen wollten. Die Jugendlichen wehrten sich heftig dagegen. Sie wollten »ihr« Stück behalten. Wir sagten den anderen Theatern ab. Vielleicht darf ich in aller Bescheidenheit noch sagen, dass ich kein Geld für die Rechte an diesem Stück und für meine Mitarbeit genommen habe.

Die Uraufführung fand im Oktober 2011 im Haus der Kulturen statt. Unter dem Namen ›Fastiwalla KulTür auf!‹ führte das Jugendtheater mehrere Stücke auf, darunter auch die ›Gaza-Monologe‹, die es zu einer gewissen Berühmtheit brachten. In ›Türken-Sam‹ spielten drei Jugendliche meine Rolle, in verschiedenen Altersstufen. Das Stück fand 4000 Besucher.

Elvin spielte darin, mit großer Freude, den angehenden Gangster.

Ali I: Jetzt wird er auch noch Soap-Moderator

Die allseits bekannte Moderatorin Barbara Schöneberger überraschte einmal mit einem Gesangsdebüt, dem sie den Titel gab: »Jetzt singt sie auch noch«. Gut. Warum sollte ich das nicht auch können? Nein, ich werde keine schmachtenden Liebeslieder singen, aber aus dem Jugendtheaterprojekt entwickelte sich für mich ein weiteres Projekt: Demnächst würde ich Moderator werden.

Gelegentlich treffe ich mich mit Hamed Abdel-Samad, einem ägyptischen Bestsellerautor und Islamwissenschaftler, und zwei weiteren erfolgreichen Autoren meiner Literarischen Agentur, Hans Rath und Edgar Rai. Wir wollten einmal eine Art Manifest als Antwort auf Thilo Sarrazin schreiben, was daran scheiterte, dass zum einen ziemlich bald ein solches ›Manifest der Vielen‹ tatsächlich erschien, und zum anderen, dass Hamed ziemlich Hals über Kopf abreiste, weil er ja die Revolution in Ägypten erleben und kommentieren wollte.

Hans gehörte zu der Fraktion, die den Neuköllner Bürgermeister Heinz Buschkowsky auch gern mal kritisierte. Ihn interessierte aber das ganze Thema Migration nicht sonderlich. Er lebe in der Parallelwelt Prenzlauer Berg und kenne dort nur Ausländer, die gastronomische Unternehmen betrieben und denen »die Sonne aus dem Arsch« scheine, sagte Hans. Er hielt sich bei unseren Gesprächen diesbezüglich eher zurück.

Plötzlich rief er mich an und hatte eine Idee. Hans war einmal Produzent gewesen und schlug vor, ein Fernsehformat zu erschaffen für Jugendliche, die auf die schiefe Bahn geraten waren, aber auf eine zweite Chance hofften. Eine

Art Doku-Soap wie ›Die Schuldenberater‹ oder ähnliche Formate. Die Idee ist, den Weg dieser Jugendlichen mithilfe des Fernsehens ein wenig abzukürzen.

Meiner »street credibility« wegen sollte ich die Moderation übernehmen, der Mentor sein. Edgar würde als Berater fungieren. Ziel ist es, diese Jugendlichen irgendwie in eine Lehre, eine Ausbildung zu bringen, Koch, Kfz-Mechaniker oder sonst was, und sie auf diesem Weg zu begleiten. Natürlich müssen diese Jugendlichen ihre eigene Leistung einbringen. Wer seine Leistung und den Willen nicht erbringt, kann ebenso wieder fallen gelassen werden. So in etwa sollte die Sache laufen. Wie im richtigen Leben also. Es geht dabei um das Wort »Bringschuld«.

Als Pilot-Person hatten wir uns Ali, 19, ausgesucht. Ein junger palästinensischer Libanese, der Theater beim Jugendprojekt spielt. Ich kam auf ihn, weil ich ihn für intelligent halte, und weil Ali sagt, er würde für mich alles tun. Perfekt.

Ali ist bei der Polizei kein Unbekannter. Als er im November 2011 im Rathaus Schöneberg in einer feierlichen Zeremonie stellvertretend für das Jugendtheaterbüro den Berliner *Präventionspreis 2011* entgegennahm, saßen viele Polizisten im Publikum. Sie staunten nicht schlecht. Einige, sagt Ali, hätten sich verarscht gefühlt. Alis Wunsch ist es, Koch zu werden oder in einer Security-Firma zu arbeiten.

Dabei wollten wir ihm helfen. Ich einigte mich mit Edgar und Hans darauf, dass wir unsere Pilot-Person Ali auf jeden Fall so lange »betreuen« würden, bis er einen Job fand, ganz egal, ob das mit dem Fernsehen nun klappte oder nicht. Nach unserem ersten Treffen mit Ali waren alle beeindruckt. Er war allen sympathisch. Aber Edgar belehrte ihn, er müsse das auch wirklich wollen. Und Ali wiederholte Mantra-artig, er wolle Koch sein oder in der Security arbeiten.

»Aber Ali, Security, da bist du doch wieder im Bereich Gewalt. Wolltest du da nicht eigentlich raus? Es ist doch gerade dein Problem, dass du unzählige Schlägereien hattest?«

»Ja, stimmt auch wieder«, sagte Ali.

»Und Koch? Wie kommst du auf Koch?«

»Mein Vater hatte einige Restaurants und auch mein Onkel. Ich hab dort gearbeitet. Die Läden meines Vaters gingen aber pleite. Und ich mag Jamie Oliver. Das ist mein Vorbild.«

Wir wollten natürlich mehr über Alis Leben erfahren. Wer war Ali? Wie läuft das Leben ab in einer libanesischen Großfamilie in Berlin?

Ali ist in Berlin geboren. Hauptschule, Abschluss mit durchschnittlichen Noten. Er schrieb etliche Bewerbungen, bekam aber nur Absagen. Er hat drei Geschwister. Ein älterer Bruder macht eine Ausbildung zum Sozialarbeiter. Der Älteste will das Land verlassen und zurück in den Libanon. Dort will er Geistlicher werden, ein Imam. Alis Schwester hat einen Libanesen geheiratet und will ebenso zurück. Der Vater lebt seit seinen Pleiten von Hartz IV und stand bereits kurz vor der Abschiebung. Das belastete die Familie, er durfte aber bleiben.

Und wie sah es mit dem Thema Gewalt zu Hause aus? Sein Vater sei ein sehr sanfter, ruhiger Mann. Nein. Das Problem lag woanders. Er habe keine Freiheit, sagte Ali. Er dürfe nicht ausziehen. Erst wenn er heirate, das verlange die Tradition.

Natürlich stand eine Heirat nicht an. Er habe eine Freundin, eine junge Libanesin, seit vier Jahren, er liebe sie über alles, aber er dürfe nicht mit ihr schlafen.

»Ich muss warten, bis ich heirate. Es ist voll schwer, Sam, es ist voll schlimm.«

»Kannst du nicht mit anderen Frauen was anfangen?«

»Wo denkst du hin. Die bringt mich um! Die sticht mich ab!«

Woher kam also die Gewalt bei Ali? Er hatte eine lange Strafakte, alles Schlägereien. Was war also passiert?

Wir würden es beim nächsten Treffen sehen. Ich wusste nicht, ob aus dem Projekt jemals etwas werden konnte, aber ich fand die Idee interessant. Angela Merkel hat einmal gesagt: »Wir können auf kein Talent verzichten.« Das meine ich auch. Machen wir also Ali endlich zum Koch – und mich zum gefeierten RTL-Soap-Moderator, dachte ich.

Es sollte anders kommen.

In Bonn gibt es jetzt eine Antidiskriminierungsregel

Die Welt der Migranten ist ein Dorf. Bei der Lesung im Kölner Arkadas-Theater, veranstaltet vom türkischen Business-Club Asortik, hatten mich zwei Jungen afghanischer Herkunft angesprochen, die Brüder Mus und Samir. Beide waren Studenten. Sie waren extra aus Bonn gekommen, und sie hatten sich auf der Türken-Sam-Facebook-Seite auch zur Lesung angekündigt. Als sie mir gegenüberstanden, sagten sie: »Unsere Schwester schreibt dir ja auch!« Da verstand ich, dass Melis ihre Schwester war.

Melis war ein 17-jähriges Mädchen aus Bonn. Sie schrieb mir auf meiner Website und bat mich um einen Rat. Sie sei auf einer Gesamtschule in der Gymnasialstufe und wolle Abitur machen. In ihrem Deutsch-Leistungskurs sei sie die einzige Muslimin. Auf ihrem Foto bei Facebook trug sie aber kein Kopftuch.

In diesem Deutschkurs sei nun ein deutscher Mitschüler, der davon faselte, Muslime gehörten verbannt, hinter Mauern gesperrt und weiteres krudes Zeug. Niemand widerspreche ihm. Auch die Lehrerin nicht, keiner der Mitschüler halte dagegen oder unternehme etwas. Melis fühlte sich nicht nur allein gelassen, sondern regelrecht hilflos. Der Schüler sei, behauptete Melis, der Sohn eines Bonner Regierungsbeamten.

Dann rede doch mal mit der Lehrerin, schrieb ich ihr zurück. Das habe sie getan, antwortete Melis am nächsten Tag. Ohne Erfolg, denn die Lehrerin habe geantwortet, sie könne da nichts machen.

Gut. Dann musst du deinen Vertrauenslehrer an der Schule einschalten, riet ich ihr.

Dieser nahm sich des Themas an, redete mit der Lehrerin und dem Schüler. Der Schüler allerdings beharrte auf seiner Meinung, Muslime müsse man alle abschieben und am besten hinter einer Mauer einsperren wie in der DDR, sagte Melis.

Ok. Dann musst du zum Direktor gehen, schrieb ich.

Dieser wolle auch nichts machen, antwortete sie einige Zeit später.

Du musst ihm drohen, schrieb ich, aber nicht mit deinen Brüdern und Cousins. Du drohst ihm, die Schulbehörde über diesen Fall von Religionsfeindlichkeit an seiner Schule zu verständigen.

Das hatte offenbar gewirkt. Der Direktor berief laut Melis eine Lehrerkonferenz ein. Melis und ich freuten uns. Wir dachten, prima, endlich passiert etwas, und diesem rassistischen Schwachkopf wird jetzt das Maul gestopft.

Nach einer Woche meldete sie sich wieder.

»Halt dich fest: Es gibt eine neue Regel an der Schule, eine Antidiskriminierungsregel. Es ist in Zukunft verboten, etwas gegen Behinderte, Schwule, Juden oder Frauen zu sagen.«

Ich fand das erstaunlich. Da hatte das Mädchen die ganze Schule herausgefordert, sich dabei wenig Freunde gemacht, aber definitiv eine neue Regel erwirkt. Nur: Muslime kamen in dem sagenhaften Antidiskriminierungskatalog nicht vor. Sie hatte erreicht, dass alle anderen Gruppen geschützt wurden, nur ihre eigene nicht. Für Melis war das eine bittere Enttäuschung und eine Farce.

Eine Weile schrieb sie mir noch.

Ich riet ihr, die Schule zu wechseln.

Zoff bei der lieben, guten alten Tante SPD

Gonca Moduk Edis hatte ich auch am Arkadaş-Theater in Köln kennengelernt und in guter Erinnerung behalten, obwohl ich ihren Namen immer falsch ausgesprochen hatte. Sie schickte mir eine Mail, ob ich sie zu einer Veranstaltung der SPD begleiten würde, Klaus Wowereit wäre dabei und Kenan Kolat, Bundesvorsitzender der Türkischen Gemeinde in Deutschland.

Seine Frau, Dilek Kolat, ist heute Senatorin für Arbeit, Integration und Frauen in Wowereits Kabinett. In der Auftaktveranstaltung der »SPD-Zukunftswerkstatt Integration« – das war noch vor der letzten Berlin-Wahl – sollte es um »Einstiege und Aufstiege in Deutschland« gehen. Hierzu erklärte Klaus Wowereit bereits vorab auf einem Flyer: »Deutschland hat sich in den Jahren, in denen die SPD Regierungsverantwortung getragen hat, nachhaltig geöffnet. Durch die fortschreitende Gesellschaftspolitik im Bereich der Gleichstellung, beim Zuwanderungsgesetz und später dann mithilfe des sogenannten Antidiskriminierungsgesetzes, aber auch mithilfe des Ganztagsschulprogramms wurde eine Politik realisiert, die auf der Höhe der Zeit war.«

Und so weiter. Im Wesentlichen drosch der Regierende dann auf Schwarz-Gelb ein, die Klientelpolitik betrieben und Ausgrenzung billigend in Kauf nähmen, die soziale Spaltung im Land vorantrieben, es vergifteten – und so weiter. Die SPD wieder wolle einen »breiten gesellschaftlichen Diskussionsprozess« anregen – und das war das Stichwort: Diskussion.

Prima. Eine Teflon-Guti-Veranstaltung, dachte ich, die Bios machen auf Interkulturell und Multitrallala. Das ist immer lustig. Ich ging mit Gonca ins Willy-Brandt-Haus. Es flößte mir einen gewissen Respekt ein, weil ich namentlich geladener Gast war. Es gab ein paar Vorträge. Sozialarbeiter, Integrationsbeauftragte und Kommunalpolitiker aus ganz Deutschland, selbstverständlich mit Migrationshintergrund, ergriffen das Wort. Dann sprach eine türkische D-Jane, eine junge Frau, die in Discos Platten auflegte. Sie war szenig bis punkig angezogen. Der Moderator stellte ihr einige Fragen zu ihrer Biografie. Sie habe zwei Pässe, sagte sie, und sie wolle ihren türkischen Pass auf keinen Fall abgeben.

»Warum?«, fragte der Moderator.

»Ja, weil, wenn so was wie mit den Juden in Deutschland wieder passiert, möchte ich die Möglichkeit haben, so schnell wie möglich rauszukommen.«

Da musste selbst ich schlucken. Ich sah mich im Saal um. Manche älteren Herren und Damen im Raum bekamen so rote Köpfe, dass ich dachte, sie bekommen gleich einen Herzinfarkt.

Danach war Heinz Buschkowsky dran. Die türkische Theaterintendantin und Ballhaus-Chefin Shermin Langhoff ging auf ihn los, nannte ihn sogleich einen Rechtspopulisten – wohlgemerkt Heinz Buschkowsky, SPD, den beliebten Bürgermeister von Neukölln mit seinen 80 Prozent Migrantenanteil, der bundesweit bekannt dafür ist, dass er sich wirklich für ausländische Mitbürger einsetzt. Herr Buschkowsky bekam gleichfalls einen roten Kopf.

Wieso es in seinem Kabinett noch keine türkische Senatorin gebe, keifte sodann eine türkische Zuschauerin den Regierenden Bürgermeister Klaus Wowereit an. Es habe sich noch niemand beworben, meinte Wowereit. Und so ging es fort.

Die liebe, gute alte Tante SPD. Ich wusste gar nicht, wie sehr es in ihr brodelt. Draußen sprachen mich zwei ältere

Damen an. Sie seien doch sehr befremdet gewesen über die aggressive Stimmung der Veranstaltung, und sie fanden es gut, dass wenigstens ich Heinz Buschkowsky, den Paten von Neukölln, mit einer beherzten Wortmeldung in Schutz genommen hatte. Eines kann man aus dem Ereignis vielleicht noch schließen: Die Integration der türkischen Frauen ist in der deutschen Gesellschaft schon recht weit fortgeschritten. Betrachtet man die heutige Personallage, hat diese Veranstaltung vielleicht doch einiges bewirkt. Meine Cousine ist Ministerin in Baden-Württemberg, Dilek Kolat ist in Berlin Familienministerin geworden, Aydan Özogus ist Stellvertretende Bundesvorsitzende der SPD. Ich möchte hier um Gottes willen keine der genannten Personen verunglimpfen, aber es scheint doch einmal mehr, dass deutschtürkische Frauen eher in der Lage sind, Männerdomänen zu erobern als deutsch-türkische Männer, die bislang meist in der Rolle des Hofnarren erfolgreich sind.

Dreizehn Geschwister, ein anatolischer Bauernhof und 500 Ziegen

Damit hier keine neue Neid-Debatte über mutmaßliche deutschtürkische Quoten-Frauen entsteht, möchte ich an dieser Stelle die Geschichte von Aynur Boldaz erzählen. Dreizehn Geschwister, ein anatolischer Bauernhof und 500 Ziegen: Ein Auto hat sie als Kind nie gesehen. Heute leitet Aynur Boldaz vier Unternehmen in Berlin und in der Türkei mit 260 Angestellten. Sie wird von der Kanzlerin eingeladen, fliegt Business Class und engagiert sich in der Berliner CDU. »Dass man das schaffen kann, wenn man das Leben liebt, das ist meine Botschaft«, sagt sie.

Treptow, Heidelberger Straße. Frecher Pferdeschwanz, klassisches Business-Kostüm. Auf ihrem Schreibtisch stehen drei Wimpel: Deutschland, Türkei und »Forever Clean«, ihre Firma für Gebäudereinigung. »Berliner Unternehmerin des Jahres 2011«, heißt es auf einer Plakette auf dem Aktenschrank. »Ich schaffe Arbeitsplätze. Und das als Frau in einer Männerdomäne.«

Es sei schon ein weiter Weg gewesen vom Bauernhof in Tumceli nach Neukölln, Hinterhof, Ofenheizung. Mit 18 Jahren heiratete sie einen türkischen Mann aus Berlin. So viele Menschen plötzlich. So eine schwere Sprache. Sie wurde krank – der Schock.

»Ich dachte: Jetzt bleibst du für immer gefangen. Hausfrau und Mutter. Da wurde nicht gefragt: Wie geht es dir? Ich hatte zu funktionieren.«

Nach sieben Jahren ließ sie sich scheiden. »Da fing mein Leben an. Viele deutsche Freunde halfen mir. Ich war frei, ich durfte mein Leben selbst bestimmen. Die Freiheit der europäischen Frauen ist unbezahlbar. Diese Hilfe wollte ich einmal zurückgeben.«

Sie machte sich selbstständig. Putzte in einer Boutique, Toiletten im Krankenhaus. »Ich liebe das. Ich war acht Jahre mit Latzhose unterwegs.« Acht Jahre habe sie keine Sonne, keinen Baum gesehen. »Wir mussten überleben«, sagt die alleinerziehende Mutter. »Aber es ist ein guter Beruf. Ein Traumberuf. Unsere Leute bekommen 8,82 Euro die Stunde.«

Von ihren heute rund 70 Mitarbeitern bei ihrer Berliner Firma sind 26 schwerbehindert. »Ich bin stolz auf meine Leute«, auch wenn das nicht immer einfach ist. »Du hilfst mir, ich helfe dir«, sagt Aynur Boldaz. »Das ist Vertrauen. Irgendwann braucht jeder Hilfe.«

Von wegen unterdrückte muslimische Frau. Ich habe auf all meinen Reisen durch Deutschland viele starke, unabhängige deutschtürkische Frauen wie Aynur Boldaz getroffen. Es sind Frauen, die sich vor 20 Jahren tatsächlich einmal in Abhängigkeit befunden und sich davon befreit haben. Es sind aber auch junge, gebildete Frauen, die gerade anfangen. Man spricht ständig von der Ehegattinnenzuführung aus der Türkei. Türkische Männer holen sich sittsame, junge türkische Frauen aus den armen Dörfern. Das gab es und gibt es noch. Aber heute taucht ein neues Phänomen auf: Junge, gebildete türkische Frauen, die in Deutschland aufgewachsen sind, sehen sich plötzlich über Facebook an den Universitäten Istanbuls und Izmirs nach heiratsfähigen Studenten um, weil sie hier keine Männer finden, die ihnen ebenbürtig sind. Das liegt natürlich auch dran, dass für die männlichen jungen Migranten zu wenig getan wird, dass sie kaum gefördert werden, auf die schiefe Bahn geraten, und so weiter.

Und natürlich entstehen daraus neue Konflikte. Einmal verheiratet, entdecken die türkischen Studenten aus Istanbul schnell, dass sie hier nur schwer Fuß fassen können. Es sind ihre Frauen, die dann den Unterhalt der Familie gewähr-leisten. Bei der älteren Generation sind es ebenso oft die Frauen, die heute ihre spielsüchtigen Gatten durchziehen. Irgendwann fühlen sich die türkischen Männer schon wie-der als Loser, und ihre Frauen beginnen, sich zu langweilen und zu fragen, ob sie die richtige Wahl getroffen haben. Nun könnte man natürlich die Frage stellen: Warum suchen die jungen deutschtürkischen Frauen nicht junge, gebildete, deutsche Männer? Immerhin heiraten ja angeblich noch 93 Prozent der Deutschtürken untereinander. Antwort: Sie haben durchaus Beziehungen zu deutschen Männern. Aber der Erfahrung nach sind ihnen die deutschen Männer oft »zu lieb«, wie es einige meiner weiblichen Bekannten aus-drücken, und es stelle sich eher die Frage: Wie werde ich diesen Stalker wieder los? »Dann sage ich – wegen mei-ner Religion, und meine Eltern sind dagegen«, meinte eine Freundin zu mir. Tja. Frauen können halt auch mal lügen, aber das sind ganz andere Geschichten.

Ich wollte sagen: Es sind diese jungen wie älteren deutsch-türkischen Frauen, die sich aus eigener Kraft einen mehr als respektablen Platz in der Gesellschaft erobert haben. Still und leise.

Das ist vielleicht die größte Erfolgsgeschichte der letzten 30 Jahre in diesem Land.

P. S.: Noch ein Tipp vom Türken-Sam: Liebe deutsche Män-ner, wenn ihr es dennoch unbedingt mit einer Deutschtürkin versuchen und dieser ganzen Ehrpusselei von den Vätern aus dem Weg gehen wollt, sucht euch eine geschiedene Frau. Da gibt es überhaupt keine Probleme. Der Papa hat seine Toch-ter ja schon verheiratet, sie ist keine Jungfrau mehr, es gibt nichts mehr zu verteidigen. Im Gegenteil. Der alte Zausel wird lammfroh sein.

Das Kind im Brunnen

Paul Römer hatte eine meiner Veranstaltungen in Gießen besucht. Darauf rief er mich an, ob ich mal Lust hätte, nach Lola zu kommen. Was? Lola? Wo liegt denn das? Im Kreis Gießen in Hessen, sagte er. Der Sozialarbeiter, Streetworker und Pädagoge in Personalunion Paul Römer organisierte auch gleich etwas in Stadtallendorf. Okay.

Unter Lola fand ich nur ein Lied, einen Namen, Tom Tykwers Film ›Lola rennt‹ sowie eine Stadt in Papua-Neuguinea. Natürlich hatte ich mich verhört. Paul Römer meinte Lollar, zusammen mit den Gemeinden Friedelhausen, Odenhausen, Ruttershausen und Salzböden, 2189,71 Hektar, »Übergangslandschaft zwischen den Ausläufern des Vogelsberges (Lollarer Kopf) im Osten und dem Rheinischen Schiefergebirge (Altenberg) im Westen«. Aha. Ich reiste mit der wunderbaren Deutschen Bahn.

Ich besuchte die Clemens-Brentano-Europaschule. Vielversprechender Name. Paul führte mich ein bisschen herum. Es ist eine Gesamtschule, und Teile des Komplexes wirkten ziemlich heruntergekommen. Auf dem Schulhof standen Container, wie man sie für Bauarbeiter und Asylanten verwendet. Darin fand der Unterricht statt, jedenfalls Teile des Lehrbetriebs – seit mehr als einem Jahr. Die Schule wurde gerade renoviert.

Die Schulbibliothek war schon fertig. Hochmodern, viele Computer, da hatte sich das Land nicht lumpen lassen. Die Veranstaltung fand in der Aula in Absprache mit dem Hauptschuldirektor Markus Richter statt. Ein hoch motivierter, freundlicher Mann, der sich mit großem Herzen auch für die rund 80 Prozent seiner Schüler einsetzte, die einen Migrationshintergrund hatten. Paul Römer arbeitete unter anderem teilzeitlich auch für diese Schule. Die Lesung war nur für Schüler der Hauptschule, warum weiß ich nicht. Der Saal war voll, nach der Lesung kamen die Jugendlichen nach vorn, es wurden viele Fotos gemacht, es war eine sehr herzliche Geschichte, keine Zwischenrufe, kein Rumgehampel, niemand hatte mir eine Papierkugel an den Kopf geschossen.

Später saß ich mit Paul in einem Café. Er wirkte ein bisschen niedergeschlagen. Er redete über die seiner Meinung nach schiefgelaufene Integration und insbesondere die Situation an den Schulen, die er kannte.
»Das Kind ist in den Brunnen gefallen«, sagte er.
»Warum?«, fragte ich verblüfft.
An den Schulen lernten die Kinder seiner Meinung nach kaum noch, weil der Unterricht oft von einigen wenigen gestört werde, weil die Lehrer mit den Nerven am Ende seien und ihnen die Jugendlichen auf der Nase herumtanzten. Paul zuckte mit den Schultern.

Dazu muss man vielleicht erklären, dass Paul selbst aus schwierigen Verhältnissen kommt. Er war einmal abgestürzt, kannte die Straße und hatte sich wieder gefangen. Er machte diesen Job wirklich, um seinen Jugendlichen eine zweite Chance zu ermöglichen. Er war, wie soll ich das sagen, ein echter »Guti«, auch wenn er das nicht gern hören würde. Er war ein Anhänger der Reformpädagogik. Das hatte er schließlich gelernt. Doch mit dieser Linie erreichte er nicht alle.
Meine Meinung: Reformpädagogik allein ist Murks. Es heißt reden, diskutieren, Vorschläge machen. Komm, lies mal ein Buch, mach mal deine Hausaufgaben. Aggressionen dürfen da keine Rolle spielen. Komm, lass uns mal reden.

Immer wieder reden, reden, 500 Mal, 1000 Mal, und irgendwann wird's schon werden. Kontroverse Diskussionen sind in diesem Ansatz nicht enthalten. Nur Verständnis. Es ist eine reine Anti-Gewalt-Pädagogik, eine Kuschel-Pädagogik. Selbst wenn der Jugendliche dich anschreit, dich Arschloch oder Schlampe nennt, dich anspuckt, darfst du ihn nicht mal verbal angreifen. Der Pädagoge muss immer sanftes Verständnis zeigen. Er darf den renitenten Jugendlichen höchstens aus dem Raum bitten. Das sagte ich Paul. Ich sagte ihm: Du musst konfrontativ sein. Du musst dich gerade machen. Dich auch mal streiten, aggressiv sein. Du musst dir Respekt verschaffen. Wenn du nur eine Lusche bist, bist du für sie eine verschwuchtelte Kartoffel. Darauf stehen sie gar nicht. In ihrem Leben, in der Familie, auf der Straße, ist Gewalt nun mal ein Mittel. Das kann man nicht ignorieren.

Paul hatte aufmerksam zugehört.

Nach einem Jahr rief ich ihn wieder an und wollte wissen, wie es ihm so gehe. Paul war richtig gut drauf. Er hatte eine klare Stimme, freute sich riesig und platzte gleich los: Er sei jetzt fest angestellt an der Europaschule – zusammen mit gleich drei anderen Sozialarbeitern, einer türkischen Frau, einer deutschen Frau und einem weiteren deutschen Mann.

»Wie? Bist du da jetzt der Sozialsheriff?«

»Ja, ich bin jetzt der Sozialsheriff«, sagte er voller Stolz. »Das haben wir Markus Richter zu verdanken, der die Mittel organisiert hat. Seither läuft's super.«

»Wie hast du denn das erreicht?«

»Ja, wenn es nötig war, hab ich mich mit denen auch geprügelt und gefetzt.«

Paul Römer, der Guti, war zum Muti geworden. Wenn er Streit mit den Jugendlichen hatte und sie ihm auf der Nase herumtanzten, nahm er sie mit in die Sporthalle. Dort gab er ihnen als Kung-Fu-Lehrer beim Sparring erst mal ein paar auf die Nuss. Sein Kampfsportkurs erfreute sich bei den Jugendlichen allergrößter Beliebtheit, und schon hatten die jungen Macho-Migranten Respekt. Dann baute er sie natürlich ganz sanft wieder auf. Paul Römer hatte den für sich goldenen Mittelweg zwischen Konfrontation und Reformpädagogik gefunden.

Ich meine, es ist nicht toll, wenn man Probleme mit Gewalt lösen muss, und ich bin auch kein Fan von Boxschulen als ein Ort der gesunden Erziehung. Aber wenn es Paul Römer weiterhilft, soll es mir recht sein. Wir redeten noch eine Weile und kamen auf einen vielleicht wichtigen Punkt: die Lehrer.

Sie haben diese »street credibility« natürlich nicht, und das ist auch nicht ihre Aufgabe. Es ist nicht ihr Job, sich mit Eltern auseinanderzusetzen, die nicht einmal ihre Sprache sprechen. Sie sollen keine Konflikte lösen und keine Zwangsehen verhindern. Sie sollen lehren und die Kinder für den Stoff begeistern.

Daher stellt man Leute wie Paul Römer an. Das ist sinnvoll. Jemand wie Markus Richter hat das verstanden. Der Erfolg gibt ihm recht. Es gibt mehr Abschlüsse, weniger Störungen, es herrscht mehr Harmonie an der Schule, und die Lehrer haben es leichter.

Fröhliche Menschen sehen anders aus

Am nächsten Tag hatte Paul Römer eine Veranstaltung mit einer Lehrerin auf einer Gesamtschule in Stadtallendorf vereinbart. Ich fuhr mit dem Bummelzug. Auf dieser Fahrt fiel mir einmal mehr auf, dass in diesen ländlichen Gebieten eine ähnlich hohe Durchmischung herrscht wie in den großen Städten. Ich schätze einmal, dass mindestens ein Drittel der Fahrgäste in dieser Regionalbahn Migranten waren. Natürlich junge Leute vor allem, die älteren Menschen sind eher Bios. Das ist wirklich auffällig. Es sind nicht weniger Migranten als in der U-Bahn nach Berlin-Neukölln.

Zwar sahen die Jugendlichen nicht aus wie Straßenschläger, ich spürte auch keinerlei Aggressivität – aber eine gewisse Introvertiertheit. Man sah selten ein Lächeln in ihren Gesichtern. Natürlich ist das morgens auch nicht so üblich, aber fröhliche Menschen sehen anders aus. Jeder schien für sich zu sein. Dass sich die Jugendlichen mischten, konnte ich kaum beobachten.

Das heißt ebenso einmal mehr, dass sich auch die Parallelwelten nicht nur in den Ballungsgebieten gebildet haben. Nein, es gibt sie überall. Überall bleiben die Ausländer allein oder unter sich, und die Deutschen bleiben allein oder unter sich. So, wie ich einmal aufgewachsen war, als trotz allem durchaus integrierte Ausländer in deutschen Siedlungen lebten – das scheint mir mehr und mehr abhandenzukommen. Ich hatte eigentlich gehofft, dass sich die Liese und die Susi und der Jochen und der Peter auch mal in einer Gruppe mit der Aische, dem Murat und dem Berkant zusammenhockten. Das hätte mich wirklich gefreut. Nein, es ist leider anders. Man wächst miteinander auf, man besucht die gleiche

Schule, fährt in derselben Regionalbahn, aber man spricht nicht miteinander. Manchmal stimmt mich das traurig.

Stadtallendorf, Bahnhof. Hessische Mittelstadt, 21 000 Einwohner im Landkreis Marburg-Biedenkopf in der westhessischen Senkenzone. Der höchste Punkt ist mit 371 Metern der Kohlkopf im Wald bei Hatzbach, der niedrigste Punkt liegt mit 200 Meter über NN an der Ohm bei Schweinsberg. Nach eigenen Angaben der Stadt liegt »migrationsbedingt der Ausländeranteil bei ungefähr 21 Prozent, es leben dort Menschen aus über 70 Nationen«.

Das liegt unter anderem am Wirtschaftsstandort Marburg-Biedenkopf, der ein industrielles Zentrum ist und rund 12 000 Arbeitsplätze bietet. Mittwochs wird der von der Stadt herausgegebene ›Bärenbote‹ mit Nachrichten aus den Vereinen und Bekanntmachungen der Verwaltung an alle Haushalte verteilt. Es befinden sich in Stadtallendorf eine große Gesamtschule, mehrere Grundschulen und gleich zwei Sonderschulen mit »50 bzw. 100 Schülern«. Die Republikaner sind auch im Gemeinderat vertreten.

Ein Lehrer holte mich am Bahnhof ab. Seine Frau ist Engländerin und hatte die Veranstaltung organisiert. Der Mann hatte lange Haare, war 1,90 Meter groß und kräftig. Herzliche Begrüßung, zur Schule hatten wir es nicht weit. Dort trafen wir seine Frau und gingen in die Aula. Sie ist eine engagierte Lehrerin, ich merkte sofort, dass ihr an unserem Thema wirklich etwas lag.

Wenn eine Schule recht durchmischt ist, lese ich eigentlich immer die Rummenigge-Geschichte. Genauer: die »beknackte Spielplatzsituation«. Dabei geht es darum, wie ich damals als 14-Jähriger in einer deutschen Arbeitersiedlung lebte und von einem älteren deutschen Jungen, der dem Fußballstar Karl-Heinz Rummenigge sehr ähnlich sah, auf einem Spielplatz beschützt wurde.

Dieser Junge und seine Freunde hatten eine Menge brutale Auseinandersetzungen mit jugendlichen Türkengangs erlebt. Man kann sagen, es herrschte Anfang der 80er-Jahre in diesen Vierteln Hamburgs ein regelrechter Bandenkrieg. Türkische Gangs fielen in die Siedlungen ein wie Rollkommandos und verschwanden wieder. Darauf taten sich die deutschen Jugendlichen ebenso zu Banden zusammen. Dieser Typ aber, der mich nicht einmal kannte, beschützte mich und meine Brüder vor seinen eigenen Leuten. Ich hatte nun mal das Glück wie das Pech zugleich, dass wir in dieser Zeit die einzige türkische Familie in der Lenzsiedlung waren und jetzt Angst vor den deutschen Jugendlichen haben mussten. Durch Rummenigge ist mir in unserem Viertel aber nie wieder etwas passiert. Die Geschichte ist für mich ein Beispiel dafür, dass jemand, der selbst mehrfach angegriffen worden ist, trotzdem nicht pauschal zum Türkenhasser werden muss.

Die Botschaft ist: Rummenigge verprügelte zwar Türken und Kurden, wenn es sein musste, aber er brachte seinen Leuten bei, dass nicht jeder Türke das Feindbild sein darf. Hätte er mich damals am Spielplatz geschlagen, was sehr leicht gewesen wäre, wäre ich vielleicht für immer ein Deutschenhasser geworden. So hat er auch mir eine Botschaft mitgegeben: Bleib, wie du bist, niemand wird dir was tun. Er hat mir eine Augenhöhe gegeben und gesagt: Du gehörst zu uns, auch wenn wir nicht befreundet sind.

Das klingt vielleicht etwas einfach. Aber es ist eine Szene, die Jugendliche verstehen. Und ich gebe seine Botschaft gerne weiter. Er hat damals eine Brücke gebaut für ein friedlicheres Miteinander. Dieser junge Typ war weiter als die Gesellschaft: Anfang der 80er-Jahre waren wir noch weit davon entfernt, offiziell ein Einwanderungsland zu sein. Wenn ich seine Geschichte vorlese, achte ich auf die Reaktionen der Schüler. In Stadtallendorf sah eine Gruppe türkischer Jugendlicher verlegen zu Boden oder zur Seite. Ein paar einzeln sitzende Migranten lächelten mir zu. Die deutschen Kinder schienen begeistert.

Heute ist die Situation in den alten Bundesländern komplizierter. In den Schulen mit 70 Prozent und mehr Migrantenanteil sind die deutschen Kinder in der Minderheit und werden auf Spielplätzen und Schulhöfen gemobbt. In der Regel reagieren die »Machotürken« deshalb verlegen auf die Rummenigge-Geschichte, weil sie heute wie damals die Aggressoren sind, aber damals noch in der Minderheit waren. Ich erzähle ihnen also, dass es vor 25 Jahren nicht anders war, und dass ihre Väter die gleichen Fehler gemacht haben. Das wissen sie meist nicht. Dass Hass nur zu Hass führt. Ich sage ihnen: Leute anzugreifen ohne Grund ist asozial, und eure eigenen Landsleute, die nicht in einer Gruppe organisiert sind, müssen darunter leiden. Rassismus erzeugt Rassismus. Ich konnte spüren, dass ich dieser kleinen Gruppe in der Stadtallendorfer Aula praktisch eine Ohrfeige gegeben hatte. Kaum war die Stunde rum, verschwand das Grüppchen.

Es kamen andere türkische Jugendliche mit einer anderen Lehrerin auf mich zu, und wir redeten eine Weile. Ganz normale, liebe Jungs und Mädels. Diese Schüler müssen Sie fördern, sagte ich zu der Lehrerin. Nein, nein, entgegnete sie, die kommen ja alle aus intakten Familien und können sich selbst helfen.
Aha.

Der Mann der englischen Lehrerin fuhr mich zurück in die Stadt.
»Ich hab keinen Bock mehr«, sagte er plötzlich. »Ich will nicht mehr. Überall lungern die hier rum, man kann hier nicht mehr leben, ich will mit meiner Frau und meinen Kindern nach England aufs Land.«

Wieder einer, dachte ich. Wieder ein enttäuschter, entnervter Lehrer mehr, der sich voll guten Mutes 20 Jahre aufgerieben und jetzt die Schnauze voll hatte.

Wir unter uns – Türken, Kurden, Araber – müssen uns einmal klar werden und die Botschaft an unsere Kinder weitergeben: Wir haben keinen Bock mehr auf euer asoziales Verhalten. Es sind ja nicht nur die Deutschen: Auch wir Migranten haben die Schnauze voll von den Sozial-Abzockern und Schlägern, von Migranten, die immer nur nehmen, nehmen, nehmen. Ich würde lieber von der Brücke springen, als mein Leben in der Hartz-IV-Hängematte zu verpennen.

Und wir unter uns – als Gesellschaft: Vielleicht sollte die Sozialindustrie einmal etwas weniger Geld und Zeit auf die Minderheit der Stressmacher verwenden und sich ein wenig mehr auch der anderen Kinder und ihrer Talente annehmen. Ich kann mich erinnern, dass ich in meiner Schulzeit auch dachte, ich muss es allein schaffen, ich fragte nicht nach Hilfe, Unterstützung und Förderung. Aber vielleicht wäre ich froh darüber gewesen, wenn sich jemand meiner angenommen und gesagt hätte: Diesem Jungen müssen wir mal Anerkennung zeigen. Weiter so. Und wenn du was brauchst, komm zu mir.
Das kostet doch gar nicht viel.

Die Ballade vom Teflon-Guti

Es gibt nicht nur den »Guti«, sondern auch den »Teflon-Guti«. Der Teflon-Guti ist ein Mensch, an dessen notorischer Gutmütigkeit grundsätzlich alles abperlt. Er sieht stets das Gute – und verbündet sich dabei gern mit dem Bösen. Er will einen Jugendlichen auch nach 180 Straftaten noch immer resozialisieren und glaubt an seinen gesunden Kern. Sieht er, wie auf der Straße ein Mensch von zwei Migranten verprügelt wird, kümmert er sich nicht um das Opfer, sondern fragt die Täter, ob er ihnen helfen könne. Er wird ihnen dann die Möglichkeiten eröffnen, reich und berühmt zu werden, indem er ihnen zu einer kostenlosen Aufnahme ihrer Gangstarap-Songs in einem Tonstudio verhilft.

Vergewaltigung, Raub, Erpressung und Totschlag bringt er nicht zur Anzeige, wenn die Täter einen Migrationshintergrund haben, weil eine Anzeige mit anschließender Gerichtsverhandlung und entsprechender Presse wiederum nur zu Vorurteilen führt. Der Teflon-Guti fragt an erster Stelle, welches Leid dem Delinquenten in frühester Kindheit in Teheran, Bagdad und Sarajewo widerfahren sein mag, und beschließt sogleich, das Opfer des Angriffs oder der Vergewaltigung der Übertreibung, mutwilligen Falschaussage und Verleumdung zu bezichtigen. Kurzum: Er wittert hinter allem Rassismus, rechte Verschwörung und mangelndes Einfühlungsvermögen, denn so etwas darf ja in Deutschland nie wieder geschehen, wehret den Anfängen und so weiter.

Dazu passt eine Geschichte aus dem Berliner Wedding. Der ›Tagesspiegel‹ vom 6. Februar 2012 berichtet:

»Wieder Angriff auf linkes Hausprojekt – Streit mit arabischer Jugendgang eskaliert

In Wedding eskaliert der Streit zwischen einem linken Hausprojekt und einer Straßengang junger Araber, den ›Streetfighters‹. Nachdem in der Nacht zum Sonntag erneut zwei Menschen vor dem bekannten Szeneobjekt ›Scherer 8‹ mit Schlägen und Tritten attackiert worden sind, veröffentlichten einige Bewohner des Hauses in der Schererstraße eine Stellungnahme im Internet: Darin wird eine ›enorme Schutzgeldforderung durch die Streetfighters‹ als Hintergrund der Attacken genannt. Diese Geldforderung soll sich gegen ›die Kneipe und den Infoladen des Hausprojekts‹ richten. Erst in der Nacht zu Sonnabend hatten etwa 30 Jugendliche in der ›Scherer 8‹ Partygäste mit Baseballschlägern attackiert und Scheiben zerstört. (…)
Doch die linke Szene ist offensichtlich uneins, wie mit den Attacken umgegangen werden soll. Während auf der offiziellen Internetseite des Hauses ›um Ruhe gebeten‹ wird und ein Konzert am Wochenende abgesagt wurde, sind andere mit dem Verschweigen des seit Längerem schwelenden Konflikts nicht einverstanden. ›Eine Minderheit von Hausbewohnern glaubt, dass es nötig ist, das Schweigen um die Erpressungen zu brechen‹, heißt es auf einer bekannten linken Internetseite. Und weiter: ›Nur durch Transparenz ist es möglich, den Würgegriff des organisierten Verbrechens zu brechen.‹ Schutzgeld werde man nicht zahlen, heißt es weiter.
Nach Angaben der Polizei sind die etwa 15 bis 20 Mitglieder der Gang seit dem Sommer durch zahlreiche Raub- und Gewalttaten in Wedding aufgefallen. ›Präsident‹ der Gruppe ist der polizeibekannte Ahmed A. (38) aus einer kurdischen Großfamilie. Er hat das ›Clubhaus‹ gegenüber der Schererstraße 8 gemietet. Im Sommer hatte die Polizei wegen der zahlreichen Straftaten der Gang eine Ermittlungsgruppe ›Scherer‹ gebildet.

*Dem Vernehmen nach will sich ein Teil der Hausbewoh-
ner nicht dem Verdacht aussetzen, ausländerfeindlich zu
sein. Deshalb solle der Konflikt nicht offen angesprochen
werde. (Ha)«*

(Von Jörn Hasselmann).

Ich habe dem nichts hinzuzufügen.

Die schreckliche Verarmung der Verbrecher

Wenn die Wölfe hungrig sind, fressen sie Menschen. Das ist nicht nur in Berlin-Wedding so. Ich will ja nicht unken. Aber betrachten wir es doch einmal aus meiner professionellen Sicht. Die Decke wird allenthalben, wie wir bereits festgestellt haben, kürzer. Auch bei meinen Herren Ex-Kollegen. In Holland haben sie die Marihuana-Plantagen verboten und platt gemacht, dadurch entstehen hierzulande Engpässe in der Versorgung. Die Preise ziehen an. Auch die jungen Migranten rauchen viel Gras, und es wird schwieriger, gutes Gras aufzutreiben. Den kleinen und größeren Dealern entzieht das die Geschäftsgrundlage. Der Gras-Markt ist praktisch zusammengebrochen. Sie können kein Geld mehr verdienen.

Auf der anderen Seite drängen immer mehr kriminelle Gruppierungen ins Geschäft. Rauschgift, Prostitution, Schutzgeld. Mit einigen dieser Leute aus aller Herren Länder ist nicht gut Kirschen essen, das wissen auch die jungen Migranten. Diese wiederum drängen aber auch ständig und vermehrt ins Geschäft. Ich höre das aus gut unterrichteten Kreisen; man beklagt sich hier wie dort, die Wölfe werden zahlreicher und hungriger, und wenn ihnen die Schafe ausgehen, fressen sie bald den Hund, dann den Hirten und sich am Ende gegenseitig auf.

Es ist ein ganz normales Gefüge aus Angebot und Nachfrage im real existierenden Kapitalismus. Wenn die Schulen 80 Prozent ihrer Schüler vollkommen chancenlos entlassen, suchen diese ihr Heil in der Kriminalität, dazu muss man keine Studien bemühen. Ich möchte hier auch nicht mit Kriminalitätsstatistiken langweilen, sondern einfach zu bedenken geben, dass dies ein vollkommen normaler Prozess ist.

Was wird also passieren?

Der Kokain-Handel wird schwieriger, weil im Zuge des internationalen Terrorismus die Flughäfen, Häfen und sonstige Umschlagplätze stärker kontrolliert werden. Gleichzeitig wird die Konkurrenz immer größer, und wenn zu viele etwas vom Kuchen abhaben wollen, dann wird's eben schwierig. Zehn Döner-Läden in einer Straße machen sich gegenseitig kaputt. Meine Ex-Kollegen aber, die auch in diesen schwierigen Zeiten ihre Wohnungen, ihre BMWs und Freundinnen finanzieren wollen, die ja auch mal ins Kino oder ins Restaurant gehen möchten, müssen sich immer mehr anstrengen und nach neuen Geschäftsfeldern suchen. Warum wird hier plötzlich ein Haus linker, multikultibegeisterter Bürgertöchter und -söhne mit einer »enormen Schutzgelderpressung« konfrontiert? Ist das nicht idiotisch?

Nein. Es offenbart die Misere: Wir erkennen eine Verarmung der Verbrecher. Sie sind tatsächlich auf den Hund gekommen. Und sie werden sich immer neue Opfer suchen, die sie schröpfen können.

Einfache Bürger, alte Menschen, Kinder. Wir haben damals noch versucht, als Trickbetrüger im Warentermingeschäft den Reichen das Schwarzgeld abzuköpfen. Das will ich nicht rechtfertigen, aber heute sind im Netz Betrüger unterwegs, die es auf Rentner und Kinder abgesehen haben. Alte Menschen werden in ihren eigenen Wohnungen überfallen und beraubt, wegen ein paar Euro in der Keksdose. Diese Phänomene werden zunehmen. Einbrüche, Schutzgelderpressungen in der Gastronomie, Überfälle auf den kleinsten Einzelhandel, selbst der simple Handyraub. Wir werden unsere Keller mit Sicherheitsschlössern versehen und die Kinderwagen im Hausflur mit einem Spezialschloss festbinden müssen. Selbst die Pfandflaschen verschwinden in Rekordzeit, wenn man sie vor der Wohnungstür im Treppenhaus stehen lässt. Nichts ist zu kleinteilig, nichts ist mehr heilig.

Diese Straftaten haben keinerlei rassistischen oder deutschhasserischen Hintergrund mehr. Meine Mutter ist in Hamburg von jugendlichen Migranten überfallen und trotz Kameras in ihrer eigenen Boutique mehrfach bestohlen worden. Und die Hauptschulen produzieren ja auch biodeutsche Loser und Straftäter am Fließband.

Ich werde in letzter Zeit häufiger von der Polizei im Straßenverkehr angehalten. Ich habe dafür Verständnis. Die Stimmung wird gereizter. Ich lasse meine Turnschuhe nicht mehr im Hausflur stehen. Die Schuh-Mafia geht um.

Man muss sich wappnen.

Street credibility versus street university

Ich fuhr mal wieder mit dem Auto, weil ich dachte, ich kann unterwegs irgendwo in einen See springen, verfuhr mich aber und kam etwa um Mitternacht in Höchst im Odenwald an, megahungrig. Und tatsächlich hatte in dieser Kleinstadt nur noch der Dönerladen auf, vollkommen unterdurchschnittlich, aber Gott sei Dank. Kaum kam ich da raus, sah ich, wie ein tiefer gelegter 3er-BMW mit Spoiler im Höchsttempo über die Kreuzung bretterte. Am Steuer ein Schwarzkopf mit Dreitagebart. Gleich darauf raste ein Golf vorbei, wieder Migranten am Steuer. Ich meine, das war beinahe wie eine Szene aus einem David-Lynch-Film: Keine Sau auf den Straßen, wie ausgestorben das Kaff, und dann krachen im Minutentakt die BMWs randvoll mit dunkelhaarigen Lederjackentypen durch die Geisterstadt, einer nach dem anderen. Das ist ein Bild, das man in Hessisch-Odenwald nicht unbedingt erwartet. Schon kachelte wieder ein BMW vorbei, und gegenüber liefen vier Türken hastig über die leere Straße, als hätten sie irgendwo ein Ding zu drehen. In einer Eckkneipe etwas abseits traf ich sie endlich. Die Streetworker und Frank Dölker. Irgendwo mussten sie ja was trinken.

Im Juni 2010 fand die 25. bundesweite Streetworking-Tagung im Kloster Höchst statt. Das ist eine Kooperationsveranstaltung der BAG Streetwork/Mobile Jugendarbeit, des Vereins Burckhardthaus und der Bundesakademie für Kirche und Diakonie. Dölker ist einer der Organisatoren, und er bildet den Rest des Jahres selbst Streetworker aus.

171

Eingeladen waren Umes Arunagirinathan, ein Tamile, der es vom Asylanten zum Arzt gebracht hatte, und ich. Good guy, bad guy, dachte ich. War ja klar, wer das Negativ-Beispiel darstellte. Umes las aus seinem biografischen Bericht ›Allein auf der Flucht‹, er hatte als Kind den ganzen Weg von Sri Lanka nach Deutschland mutterseelenallein zurückgelegt und ist hier Chirurg geworden.

Tja.

Dann stand ich vor 40 Streetworkern. Street credibility gegen street university, dachte ich. Ich kannte diese Leute ja kaum. Mir waren sie immer fremd und kauzig vorgekommen, bis hin zu den selbst gestrickten Pullovern. An mich wären die in meiner Jugend nie herangekommen und an keinen meiner alten Freunde in Hamburg. Niemals hätten wir einem dieser langhaarigen Kasper irgendetwas abgekauft, so dachten wir damals. Beim Frühstück war ich ihnen wiederbegegnet, sie schauten mich nach einem kurzen Hallo etwas grimmig an, und Dölke hatte mich noch gewarnt: »Sei vorsichtig, Sam, die sind nicht einfach.«

Okay. Wer von euch hat denn mit türkisch-kurdischen Migranten zu tun? Es meldeten sich alle bis auf drei. Die waren Südtiroler. Dort gebe es keine Türken.

Aha. Und wer hatte mein Buch gelesen – in den letzten sechs Monaten seit Ankündigung der Lesung? Keiner.

Guter Anfang.

Nach der Lesung lautes Schweigen. Ich wollte jetzt erst mal wissen, wofür man in Südtirol Streetworker eigentlich brauche, wenn es dort gar keine Migranten gebe. Es stellte sich heraus, dass die drei Deutschtiroler vornehmlich mit Rechtsradikalen zu tun hatten. Die deutsche Jugend in Südtirol war offenbar recht anfällig für neonazistisches Gedankengut, und die Stimmung richtete sich gegen die Italiener. Das war mir neu. Interessant, immerhin. Deutsche machten im

Ausland also auch ganz gern mal Stress und auf deutsch-nationale Gesinnung. Der Wortführer der Tiroler war ein Typ im Dolph-Lundgren-Format, blond, stahlblauäugig und sanft wie ein Lamm. Da ergriff ein anderer Streetworker die Initiative und fragte:

»Meinst du, dass Leute mit Migrationshintergrund unsere Arbeit besser machen könnten als wir?«

»Nein. Nicht unbedingt, jedenfalls. Aber du könntest einen türkischen Streetworker ausbilden, einstellen und dann mit ihm oder ihr zusammenarbeiten. Es geht ja letztendlich darum, dass Deutsche, Türken und Kurden zusammenleben, das heißt, auch zusammenkommen sollen. Da wäre ja ein Team sinnvoll.«

Das lockerte die Atmosphäre merklich auf. Plötzlich sprudelten Fragen, die Streetworker standen auf und kamen zu mir, man kann sagen, sie wurden regelrecht zutraulich. Ich dachte, ich verstehe, warum: Sie hatten festgestellt, dass da keiner vor ihnen saß, der ihnen potenziell etwas wegnehmen wollte.

Natürlich geht es auch um Verteilung, um Jobs und Lebensunterhalte. Diese Leute hatten studiert und mussten ihre Familien ernähren, und sie hatten neben ihrem aufrichtigen Berufsethos womöglich auch Bedenken, die Migranten, um deren Fortkommen sie sich kümmerten, könnten sie eines Tages aus ihren eigenen Positionen verdrängen. So ist das oft. Diese Angst treibt Politiker um wie Angestellte sozialer Träger. Diese Furcht herrscht in Amtsstuben wie in Lehrerzimmern. Da hilft kein Schönreden. Und sobald ein Migrant ins Spiel kommt, hat man Angst, er bringt auch gleich noch die ganze Sippe mit, etwas übertrieben formuliert. Das kommt aber nicht von ungefähr. Viele Migranten, die ich gesprochen habe, spüren diese Angst – gepaart mit einer ganz natürlichen Tendenz zu hegemonialer Abschottung.

Um zum Punkt zu kommen: Die Globalisierung und Migration haben Deutschland zu einem Einwanderungsland gemacht, und die Pfründe werden weniger. Ob ganz unten oder ganz oben und vor allem in der Mitte: Die Migranten drängen ebenso natürlich an die Fleischtöpfe, wie die Alteingesessenen diese verteidigen. Ihr müsst aufeinander zugehen, anstatt euch die Arbeitsplätze streitig zu machen, sagte ich den Streetworkern im Kloster Höchst, in welcher Branche auch immer. Sonst verlieren wir das eigentliche Ziel aus den Augen.

Das fanden sie gut.

Natürlich bringt das auch Veränderungen mit sich. Eine sozial sehr engagierte Schuldirektorin in Nordrhein-Westfalen sagte mir: Aufgrund der dortigen Schulreform müsse sie sich demnächst wohl um ihren eigenen Posten neu bewerben.

Absurd, aber wahr.

Wir sind alle Bürger dieses Landes. Eine notwendige Schulreform bringt Gewinner, aber auch Verlierer mit sich. Das ist schwierig. Es ist eine Entwicklung ohne Netz. Da muss man eben mehr Geld in die Hand nehmen und nicht an der falschen Stelle – in den Bereichen Bildung und Sozialarbeit – zuerst sparen und streichen. Holen wir diese Leute ab und nehmen sie mit, dann sind sie auch weiterhin mit Freude dabei. Die bereits bestehenden und in Zukunft weiter um sich greifenden Verteilungskämpfe hemmen uns nur. Man macht ein Krankenhaus nicht besser, indem man Ärzte und Schwestern feuert.

Am Ende hatte der Buchhändler zu wenig Ware dabei. Als ich am Mittag das Kloster verließ und wieder durch den kleinen Ort Höchst kam, sah ich ein anderes Bild: die Straßen voller autochthoner Bewohner im Durchschnittsalter von 82 Jahren. Großartig. Tagsüber eine völlig vergreiste Gesellschaft, nachts die Alleinherrschaft der Schwarzköpfe auf den Straßen. Das ist mal ein realistisches Deutschlandbild.

Ich meine: wirklich fiese Migranten

Wenn der Tumor in den Ballungszentren der Großstädte liegt, streuen die Metastasen inzwischen bis in die äußersten Winkel der Republik. Ich meine damit nicht die Migranten. Ich meine die Gewalttäter. Das Krebsgeschwür heißt Gewalt, und diese nimmt aufseiten der Migranten wie der Einheimischen zu.

Die Studiendirektorin aus Nordrhein-Westfalen, die ich gerade zitiert habe, möchte nicht in den Medien erscheinen. Sagen wir, es war eine Schule in einer kleinen, CDU-regierten Stadt in diesem Bundesland. Diese Schule wird mir in Erinnerung bleiben. Ich will nicht zu viel über diese Schule erzählen, um sie nicht kenntlich zu machen. Nur so viel: In dieser kleinen Stadt gibt es für einheimische Eltern wenige Möglichkeiten, ihre Kinder auf andere Schulen zu schicken. Es treffen Wohlstands- und Armutskinder aufeinander, und diese Durchmischung sollte eigentlich gut sein, wären da nicht wieder einzelne Krawallmacher, die das Ganze zum Scheitern bringen.

Ich war im Zimmer der Beauftragten für Konfliktbewältigung dieser Schule, und eigentlich wollten wir uns gerade das Gelände ansehen, da kamen drei Mädchen zur Tür herein. Sie waren sehr aufgeregt und zitterten. Sie seien soeben bedroht worden, auf dem Weg zur Turnhalle.

Die Turnhalle liegt auf dem Gelände einer Hauptschule. Die Gymnasiasten müssen dieses Gelände passieren, das für sie so etwas wie eine »No-go-area« ist – inzwischen an deutschen Schulen ja keine Seltenheit mehr. Die Schüler der Gymnasial- und Realschulstufen meiden diese Zonen, weil die Gefahr besteht, dass sie dort angegriffen werden.

Die drei Mädchen waren vielleicht zwölf und dreizehn Jahre alt. Sie wollten zum Sport, kamen aber nicht weit, da standen schon einige Jugendliche mit Migrationshintergrund herum.

»Was guckst du?«, habe einer gesagt, »guck nicht in meine Richtung, guck auf den Boden.«

Eines der Mädchen sagte, sie hätten doch gar nichts gemacht oder gesagt, da habe ein anderer Junge aus dieser Gruppe ein Messer gezückt und gesagt: »Halt's Maul, sonst stech ich dich ab.«

Die Mädchen rannten weg. Natürlich konnten sie so nicht zum Sportunterricht, denn der Weg dahin führte durch diese Gasse.

Vielleicht machten sich die Jugendlichen einen Spaß. Vielleicht wollten die Mädchen den Unterricht schwänzen, aber das glaube ich nicht. Ich wollte die Sache sofort klären, dem Jugendlichen das Messer abnehmen und ihm eine hinter die Löffel geben, sagte ich und krempelte schon die Ärmel hoch. Nein, nein, hielt mich die Konfliktbeauftragte zurück. Geht jetzt nicht mehr dorthin, sagte sie zu den Mädchen, ich werde mich später um die Jungen kümmern, ihr zeigt sie mir dann. Heute sei ihr freier Tag, und Vorkommnisse dieser Art sei sie gewohnt, meinte sie. Sie mache das dann morgen auf ihre Art.

Auf ihre Art?

Ihre Methode sei sehr einfach, erklärte sie mir. Sie setze auf Konfrontation. Sie konfrontiere die Jugendlichen mit ihren Taten und drohe ihnen, zu ihren Eltern zu gehen. Sie würde, sage sie den Delinquenten, sie wie ein Stalker nicht mehr in Ruhe lassen und sie in ihrer gesamten Sippe und Umgebung bis hin zum Imam in der Moschee madig machen: »Alle sollen wissen, was ihr für unerzogene Kinder und Feiglinge seid«, sagte sie.

Das schien so weit zu funktionieren. Derart massiv bedroht, seien die Kinder meist ganz einsichtig. Das Schlimmste sei es ja, der Familie Schande zu bringen, sagte die Frau. Dann baue sie die Kinder behutsam wieder auf.

Gut. Jeder mag seine Methoden haben. An Neuköllner Schulen, selbst auf den Gymnasien, wurden nach dem Skandal um die Rütli-Schule eine Weile sogar Sicherheits- und Waffenkontrollen durchgeführt. Wie in den USA. Soll mir auch recht sein, Hauptsache, es hilft. Aber da kommt man an eine ordentliche Schule in einer ordentlichen kleinen Stadt und hört, dass Kindern gegenüber ein Messer gezogen wird? Das hätte es in den schlimmsten Hamburger Bandenkriegen nicht gegeben. So fies und so dämlich war wirklich niemand. Die drei Mädchen fragen noch heute ab und zu nach mir.

Back to the roots

Ich habe eine Weile in Hamburg-Neuallermöhe gelebt. Als ich 16 wurde, zogen wir aus der inzwischen ziemlich heruntergekommenen Lenzsiedlung dorthin. Das war ein Neubauviertel mit Apartment- und Reihenhäusern, schicken Gärten, kleinen Fleeten und neu gepflanzten Bäumen, ein echter Fortschritt in der Geschichte der Menschwerdung, gemessen an der Architektur der Karnickelställe in Nettelnburg gleich nebenan. Wir dachten, wir ziehen in ein Viertel, in dem Milch und Honig fließen – bis wir merkten, dass sich die Skinheads und Neonazis aus Hamburg-Bergedorf mit den Türken aus Nettelnburg ausgerechnet in unserem neuen Paradies prügelten.

Ein russischstämmiger Streetworker um die fünfzig, den ich auf der Streetworker-Tagung im Kloster Höchst kennengelernt hatte, lud zu einer interkulturellen Veranstaltung ausgerechnet nach Neuallermöhe. Das ging auf eine Bürgerinitiative des Stadtteils zurück, die sich darum bemühte, die Lebensverhältnisse zu verbessern und der Gewalt vorzubeugen. Es würden Richter und Polizisten kommen, Bürger, ortsansässige Unternehmer und Geschäftsinhaber, Quartiersmanager und Sozialarbeiter, nicht zuletzt auch Jugendliche.

Das Viertel hat sich äußerlich kaum verändert. Noch immer plätschern die kleinen Flüsschen um die Reihenhäuser, so manche deutsche Flagge weht im Vorgarten, die Stadt gibt sich Mühe, das Viertel instand zu halten. Faktisch hat sich seit meiner Zeit doch einiges verändert. Heute leben sehr viele russlanddeutsche Familien in den Apartmenthäusern.

Sie waren in den 90er-Jahren zugezogen. Es kam somit in diese Pufferzone zwischen Türken, Kurden und Deutschen eine neue Konfliktgruppe hinzu. Daraus ergab sich eine interessante Konstellation: Deutsche und Türken verbündeten sich zusammen gegen die Russen. Es ist immer wieder erstaunlich, wie schnell eine solche Aussöhnung auf einmal klappen kann. Kaum gibt es eine dritte Gruppe, entdeckt man gemeinsame Interessen, vor allem, wenn es um wirtschaftliche Interessen wie Einkünfte aus Schutzgelderpressungen, Drogen- und Waffenhandel geht. Es gibt nicht wenige, die behaupten, die Kriminalität zum Beispiel in Neuallermöhe und den Nachbarbezirken Nettelndorf und Bergedorf sei unter den russisch-deutschen Zuwanderern weit schlimmer, als sie jemals unter den Türken gewesen sei, aber das ist natürlich eine andere Geschichte.

Die Veranstaltung war ganz gut besucht. Ich traf meinen Bruder Soner und einen Kumpel von ihm, der mir ein wenig über die Verhältnisse berichtete. Es waren auch einige russisch-deutsche Jugendliche zugegen, die sich merkwürdigerweise neben die türkischen und kurdischen Jungs setzten. Es war eine Art offenes Diskussionsforum. Die Polizisten und der Richter berichteten, dass die Kriminalität in den drei Stadtvierteln doch deutlich gesunken sei, es sei gelungen, die Banden aufzulösen, es wende sich alles zum Guten. Ich fand das ganz süß, zumal mir Soners Kumpel gerade geflüstert hatte, dass sich der Wind neuerdings tatsächlich gedreht habe: Russen und Türken hätten ihre alte Fehde begraben und arbeiteten nunmehr zusammen, was die Kriminalität natürlich noch effektiver machte. Auch das nennt man Integration, und also feierten alle das neue friedliche Miteinander, Polizei, Bürger, türkische und russische Gangs und Klans, jeder auf seine Weise.

Vielleicht wird es jetzt tatsächlich friedlicher. Auch in Berlin zeigen die ethnischen Klans wie einheimische Kriminelle untereinander die Neigung, sich mithilfe neutraler Schlichter zu einigen. In einer Anarchie nach New Yorker Vorbild regulieren sich die Kräfte irgendwann von selbst und täglich aufs Neue. Man will kein öffentliches Aufsehen, man will in Ruhe seinen Geschäften nachgehen, und das deckt sich einigermaßen mit den Interessen der Polizei, die es auch ruhiger schätzt. Die Klans halten die Kleinkriminalität und Bandenkriege im Zaum, jeder kümmert sich um seine eigenen Pappenheimer und zieht diese an den Ohren, wenn es zu Auseinandersetzungen gekommen ist.

Die Veranstaltung fand in einem schönen Kulturhaus statt, das ich noch nicht kannte und das ein wenig an eine Kirche erinnerte. Darin hat der deutsch-russische Sozial-arbeiter ein nettes Büro, es gibt Beratungs- und Anlaufstellen für Jugendliche.

Einem der russisch-deutschen Jugendlichen reichte das aber nicht. Er regte den Bau eines Fitnessstudios für sich und seine Kumpels an. Anschließend wurde eine Art Reise nach Jerusalem gespielt: Man wechselte die Stühle und sollte mit dem jeweils anderen reden – man begegnete einander.

Morde und Buden

Wir exportieren Menschenrechte und Demokratie nach Afghanistan und ins Amazonasgebiet. Wir schicken Hilfsgüter und Missionare in alle Welt und Journalisten nach Homs. Es gibt in ganz Europa aber keinen vergleichbaren Fall wie die in der Presse inzwischen »NSU-Morde« genannte Mordserie. Türkische und kurdische Einzelhändler werden in den Kopf geschossen, weil sie Türken oder Kurden sind. Es gibt rassistische Straftaten in Frankreich, England, aber keine vergleichbaren Angriffe wie in Mölln und Solingen, bei welchen auch noch der Staat, ähnlich wie bei den NSU-Morden, wenn er nicht glatt dabei zugesehen hat, zumindest merkwürdig blind gewesen ist.

Da frage ich mich: Sind die Rassisten in anderen europäischen Ländern anders? Warum sind die Rassisten in einem Land der größtmöglichen Sozialindustrie noch brutaler als in anderen Ländern? Ist die Sozialindustrie irgendwie ein Heiligenschein, den wir uns gern aufsetzen, aber im Inneren werden wir diese Nazi-Scheiße einfach nicht los? Wieso fasst man hier seine Rassisten mit Samthandschuhen an? Hat das nicht in den letzten 20 Jahren zu den brutalsten Taten geführt? Ist dieses »Mit-Samthandschuhen-Anfassen« nicht vielleicht die Ursache für Mölln, Solingen und die NSU-Morde? Und mit welchen Fällen müssen wir überhaupt noch rechnen?

Warum können wir unseren Rassisten nicht einfach sagen: Liebe Leute, wenn ihr euch in diese Richtung begebt, werdet ihr von der Mehrheitsgesellschaft, die eben nicht rassistisch ist und diese Taten verabscheut, verfolgt werden? Wo fängt der Rassismus denn an? Bei der Neonazidemo, am Stamm-

181

tisch, im Kindergarten? Der Rassismus beginnt ja nicht mit der Tat – aber er endet dort, und er geht weiter, wenn man ihm freien Lauf lässt.

Selbst in Berlin sah ich mich nach Bekanntwerden der NSU-Morde ständig um. Dunkle Haare und helle Haare in der Nacht belauern sich zunehmend auf den Straßen, als ob man einander ständig etwas Böses will. Ist der ein Neonazi oder der ein Messer stechender Migrantenräuber? Ein Nachbar von mir lief in der Nacht dreimal argwöhnisch um mein Auto herum, als ich eingestiegen war und gerade telefonierte.

»'tschuldigung, ich wohne hier«, sagte ich.

»Ja, klar, kann ja jeder sagen.«

Der besorgte Mann spuckte auf den Boden und verabschiedete sich mit freundlichem Gruß: »Kanake!«

Das Adrenalin stieg in mir auf, als ich an einem Morgen zu meinem türkischen Bäcker ging und drei kräftige Glatzköpfe dort sah. Ich atmete erst auf, als ich die Zollstöcke in ihren Hosentaschen wahrnahm und verstand, dass sie irgendwo um die Ecke arbeiten mussten. Ich hasse es, wenn ich hinter mir schnelle Schritte höre, und ich hasse es, wenn ein Installateur an meiner Tür klingelt, weil er meinen Wasserhahn reparieren soll, und auf seiner riesigen Wade prangt ein Konterfei von Rudolf Heß.

Ich habe das gar nicht bemerkt, aber mein Ko-Autor, der gerade bei mir war und es mir erst später sagte, weil er befürchtete, ich könne womöglich ausrasten und mir selbst damit schaden. Vielleicht ist es dieses Weggucken und dieses Nichtsagen, das uns nicht weiterführt. Vielleicht hätte ich den Mann gar nicht erst reingelassen oder tatsächlich zur Rede gestellt, und warum traut sich dieser Mensch überhaupt, den Kopf von Rudolf Heß auf seine Wade tätowieren zu lassen?

Und wieso stellt mein Ko-Autor, der auch ein Germane

und ein Hüne ist, den Germanen und Hünen nicht selbst zur Rede und schiebt es mir in die Schuhe, dass ich ausraste und mir schaden könne? Wer ist hier der, der mir schadet? Mein lieber Ko-Autor, der keine Zivilcourage hatte, der Mann, der einen Kopf aus unserer dunklen Vergangenheit schamlos zur Schau stellt? Oder der Arbeitgeber, der solche Leute überhaupt anstellt und in alle möglichen Wohnungen schickt, damit diese Leute wissen, wo Türken und Kurden wohnen, die man abknallen kann? Das ist für mich nicht einmal mehr eine Überraschung. Es ist ein ungutes Gefühl entstanden, ein andauerndes Lauern. Liebes Establishment, das habt ihr sauber verbockt. Und vielleicht hab ich es auch mit verbockt und zu diesem gegenseitigen Lauern beigetragen, weil ich selbst gewalttätig war, anstatt Jura zu studieren.

Vielleicht versteht ihr euch da oben auch alle sehr gut. Vielleicht versteht sich Kai Dieckmann ausgezeichnet mit seinem türkischen Mitarbeiter, vielleicht versteht sich Reinhold Beckmann prima mit seiner ZDF-Kollegin Hülya Özkan, vielleicht schätzen sich Cem Özdemir und Günter Beckstein jenseits aller Parteidebatten, vielleicht gehen der österreichische Promikoch Johann Lafer und die türkischstämmige RTL-Moderatorin Nazan Eckes nach der Sendung auf ein Glas, und natürlich habe ich mich mit Wolfgang Bosbach bei der kleinen After-Party von Anne Will gut verstanden.

Aber das ist nicht die Realität der Straße, des täglichen Lebens. Das Establishment kann sich seine eigene Welt schönmalen. Aber es ist nicht das Rückgrat der Gesellschaft.

Mit den Döner-Morden sind wir gleichzeitig wieder bei den Döner-Buden. In den Döner-Buden funktioniert die Integration ja auch. Jeder Manager und jeder Bauarbeiter isst mal einen Döner. Jeder kennt einen Döner-Buden-Besitzer. Die Arbeitslosen belagern die Döner-Buden, weil es dort inzwischen billiges Bier und Spielautomaten gibt – sie sind ja nicht dumm, die Migranten, und haben erkannt, dass die Bio-Säufer eine Menge Kohle dalassen. Ich kenne eigentlich kaum eine Döner-Bude, in der nicht Alkohol ausgeschenkt würde, auch wenn der Besitzer am Freitag in die Moschee geht.

Seit geraumer Zeit gibt es auch Döner-Buden in den neuen Bundesländern, obwohl es ja kaum Türken in diesen Städten gibt, und die Döner-Buden-Besitzer sind insofern beliebt und gehasst zugleich; beliebt, weil der Türke in den ostdeutschen Ländern in der gesellschaftlichen Hierarchie noch unter den – aus ihrer Sicht seit der Wende nur noch beschissenen – Ossis steht. Gehasst, weil der Döner-Buden-Besitzer natürlich einen dicken Benz fährt, wenn er zwei oder drei Buden gleichzeitig unterhält.

Der Rassismus in den neuen Ländern ist doch auch eine direkte Folge der Wende, der »Landnahme«, wie der Schriftsteller Jakob Hein das Überrollen der ehemaligen DDR durch den damals saturierten Westen bezeichnete. Viele sehen sich als Loser, die keine Chance haben. Und als Loser braucht man jemanden, auf den man hinabsehen kann, und den man hassen und für die eigene Situation verantwortlich machen kann. Wenn ich einmal in den neuen Ländern mit den Döner-Buden-Besitzern Türkisch sprach, waren sie überglücklich: »Wir sind hier so alleine.«

Der Döner-Buden-Besitzer erfüllt hier eine ähnliche Funktion wie der italienische Pizzarestaurant-Besitzer Sal in einer farbigen Gegend von Brooklyn in dem Film ›Do the right thing‹ von Spike Lee. Alle essen dort, weil es gut und billig ist, alle mögen den Mann persönlich, weil er ein netter Kerl ist, aber der Laden geht schließlich in Flammen auf, weil Hass, Neid und Rassismus zwangsläufig zur Katastrophe führen. Spike Lees Film endet mit den umstrittenen Worten des farbigen Bürgerrechtlers und Muslimen Malcolm X: »By all means necessary.« Im übertragenen Sinn und in den

Zusammenhang gestellt mochte Lee sagen: Wenn es die Situation erfordert, hat man das Recht, sich zu wehren, »mit allen erforderlichen Mitteln«.

Einige Döner-Buden-Besitzer in den neuen Ländern kamen auf die Idee, eine deutsche Flagge aus dem Fenster zu hängen. Das besänftigt manchmal die Neonazis, die ja eigentlich auf die billige und nahrhafte Fleischtasche nur ungern verzichten wollen. Wobei es da interessante Unterschiede gibt: Nachts werden die Straßen vom rechten Mob beherrscht. Der rechte Mob akzeptiert aramäische, armenische oder kurdische Döner-Buden-Besitzer eher als türkischstämmige, weil die Aramäer, Armenier und Kurden historisch gesehen so etwas wie natürliche Feinde der Türken sind.

Auf der anderen Seite wird gern behauptet, der Rassismus sei im ehemaligen Osten weiter verbreitet als im Westen. Kommt die Neonaziszene nicht genuin aus dem Westen? Der Neonazismus als Ideologie wurde nach der Wende in den Osten exportiert, wo er auf fruchtbaren Boden fiel. Michael Kühnen, Udo Voigt, die Republikaner, sie alle gingen nach der Wende in die neuen Bundesländer und stellten dort ungehindert ihre Truppen auf.

Ganz legal und mit Mitteln des Steuerzahlers.

Samthandschuhe

Welchen Sinn haben diese Morde eigentlich? Das fragte sich selbst ein NPD-Mann, dem ich hier keine weitere Bedeutung beimessen möchte. Man mag ihm glauben oder nicht. Die Frage jedoch ist nicht von der Hand zu weisen: Was bringt es, kleine Einzelhändler umzubringen? Diese Leute seien nicht »das Problem«, sagte der NPD-Mann, was immer er damit meinte.

Die NSU-Morde waren für mich keine große Überraschung. Ich war nicht so schockiert wie nach Mölln und Solingen, weil ich etwas in der Art geahnt habe. Ich war nicht so schockiert, weil ich nach Mölln, Solingen bereits wusste, dass derartige Morde nur eine Frage der Zeit sein konnten. Ich habe selbst genügend rechtsradikal bedingte Auseinandersetzungen und Übergriffe erlebt. Wir haben die unterste Stufe erreicht, wenn Menschen getötet werden, weil sie eine andere Herkunft oder Hautfarbe haben.

Als Gesellschaft muss man Soziopathen aushalten können. Pädophile, Kindermörder, Raubmörder, Ehrenmörder, Terroristen, Rassisten, Verrückte aller Art. Das gab es immer und wird es immer geben. Entscheidend aber für den Bürger ist es zu wissen, der Rechtsstaat und seine Institutionen sind dergestalt aufgebaut, dass diese Phänomene bekämpft und behandelt werden, mit welchen Mitteln auch immer.

Als ein ehemaliger Vertreter einer mafiösen Struktur hatte ich mit Kriminellen, dem LKA, mit Neonazis, Schutzgelderpressern, Mördern und Totschlägern zu tun. Nach dem ersten der später NSU-Morde genannten Anschläge dachte ich: Kann auch Schutzgeld oder ein Ehrenmord gewesen sein. Beim zweiten Mord dachte ich: Kann auch etwas Politisches sein, eine ethnische Auseinandersetzung. Der dritte Mord geschah in Hamburg. Die Sache sah ich mir näher an – und wurde stutzig. Ich versuchte, die Gesichter der Opfer und ihren Background einzuordnen. Polizei und Presse gingen in allen Fällen von Erpressung oder Schutzgeld aus. Nein. Das konnte nicht sein, aus verschiedenen Gründen.

Ich habe ja viele Typen erlebt, relativ anständige wie völlig durchgeknallte Gangster. Selbst in diesen Kreisen ist es eher selten, dass man einen Mord begeht. Dazu muss man einen triftigen Grund haben. Die Mehrzahl der Tötungen geht auf eine Affektsituation zurück: Streit um eine Frau, eine Beleidigung, dergleichen. Aber ein geplanter Mord? Das passiert in der Regel nur im Umfeld eines großen Verrats, bei dem mehrere Leute ins Gefängnis gingen und Familien zerstört wurden, oder wenn es sich um sehr hohe Summen handelte, wenn Millionen verschwanden und keine Chance mehr bestand, das Geld wieder zu beschaffen.

Schon bei diesen ersten der NSU-Morde aber konnte es sich einfach nicht um eine Mafia-Organisation handeln. Warum? Erstens: Bei Schutzgeld, eher kleinen Beträgen, geht der Erpresser anders vor. Es gibt Einschüchterungsversuche. Man zieht die Daumenschrauben an. Man verlangt Zinsen auf die »Schulden«. Man droht, mehrfach. Da hätte man schon etwas mitbekommen.

Wenn das Opfer immer noch nicht zahlen will, gibt es eine körperliche Bestrafung. Schläge, auch mit der Baseballkeule, man bricht die Hand, einen Arm. Ganz krasse Leute legen die Hände des Opfers auf die Herdplatte und so weiter. Man will ja Geld haben. Was bringt es, jemanden umzubringen? Man rechnet damit, dass sich das Opfer das Geld irgendwie beschafft, es sich von Freunden leiht oder eben selbst stiehlt.

Wenn das immer noch nicht wirkt, wird der Beinschuss verordnet. Das ist die letzte Warnung, und sie ist sehr effektiv: Es sieht einem Mord schon sehr ähnlich, es geschieht auf offener Straße und zur Unzeit. Das Opfer hat Todesangst, und es weiß, es kann jederzeit auch in den Kopf getroffen werden. Sollte selbst das nicht wirken, und man ist ein richtiges Schwein, geht man an die Familie. Frauen, Kinder des Opfers.

Wirkt das immer noch nicht, kann es passieren, dass der Kriminelle, um seinen guten Namen nicht zu verlieren, ein Exempel statuiert, das allen anderen Opfern signalisiert: Mit mir ist nicht gut Kirschen essen. Aber er statuiert eben nur *ein* Exempel – und nicht drei oder zehn. Und dazu kommt: Man hat selbst in Italien gesehen, dass die ganze schöne »Omerta« zum Beispiel bei Frauen nicht wirkt. In Palermo gehen die Frauen gegen die Mafia sogar auf die Straße. Frauen, Ehefrauen und Töchter brechen das eiserne »Gesetz des Schweigens«. Auch die Frauen und Töchter der türkischen Opfer in Deutschland hätten geredet, wenn es eine wie auch immer geartete Mafia gewesen wäre.

Das bedeutet auf die NSU-Morde bezogen: Schon der erste Döner-Buden-Besitzer müsste ja praktisch einen Millionenkredit am Laufen gehabt haben. Das erschien sehr unwahrscheinlich. Das nächste Phänomen: Alle Morde wurden mit der gleichen Waffe begangen. Das war schon nach den ersten Morden bekannt, und das ist in der Mafia aber vollkommen unüblich. Normalerweise wird eine Tatwaffe sofort entsorgt. Welche Organisation, die ja offenbar bundesweit agieren und dementsprechend groß gewesen sein musste, würde sich so dämlich anstellen? In einem Land mit einer der weltweit höchsten Aufklärungsraten in Mordfällen? Und um wie viel Geld konnte es da schon gegangen sein?

Ich meine, alle Mafiosi, die ich einmal gekannt haben mochte, hatten allerhöchsten Respekt vor dem LKA. Wir wussten, dass die Fahnder des LKA vielleicht manchmal langsam arbeiteten, aber beständig und akribisch, und dass sie uns irgendwann kriegen würden. Sie hatten Insider und V-Leute. Waren plötzlich alle LKA-Beamte in den unterschiedlichsten Bundesländern unfähig geworden? Nein, definitiv nicht. LKA, Staatsanwälte und Richter, die schon mit unzähligen Organisationen fertiggeworden waren, mussten bereits nach dem dritten Mord gewusst haben, dass es sich hier nicht um Schutzgeld und die Mafia handeln konnte. Sie mussten es mindestens geahnt haben. Aber jeder hat einen Chef. Der LKA-Beamte untersteht dem LKA-Leiter. Der LKA-Leiter dem Innenminister des Landes, und über all dem schwebte zu dieser Zeit Otto Schily, mit dem ich bei Anne Will über Integration redete.

Wir leben in einer Demokratie und einem Land der öffentlichen Meinung, aber bestimmte Leute dürfen ihre Meinung nicht öffentlich kundtun. Das sind nicht nur die Lehrer an den Schulen, es sind auch andere Staatsdiener, die nicht gern an die Öffentlichkeit treten, oder türkische Verbände, die damals nicht die geringste Vermutung geäußert haben, vielleicht, weil der Staat ihre Stromrechnung bezahlt?

Ich sehe da von außen keine Schuld bei den LKA-Mitarbeitern, vor denen ich bis heute einen gewissen Respekt habe. Ich gehe aber davon aus, dass sie wussten, es konnten keine Mafia-Morde gewesen sein. Aber wer möchte sich schon mit seiner Behörde oder mit dem Ministerium anlegen, zumal, wenn es auch um die eigene Zukunft geht? Nächste Frage: Warum haben sich Journalisten nicht rechtzeitig mit diesem Thema beschäftigt? Weil es zu wenig Informationen darüber gab, und Journalisten in der Regel keine Ahnung von der Straße haben. Und hätten sie dort nachgefragt, wären sie auch nur auf Ahnungslosigkeit gestoßen.

Die Frage bleibt aber: Warum hat man die Sache nach dem dritten, vierten oder fünften Mord nicht schon als mögliche rechtsextremistische Tat eingeordnet? Wer wollte nicht, dass die LKA-Beamten die Wahrheit sagten oder/ und in diese Richtung ermittelten? Wer hat hier die Macht, das zu verhindern? Es ist nicht zu verstehen, warum in diese Richtung nicht ermittelt worden ist. Natürlich will kein demokratischer Minister eine rassistische Zelle decken. Aber wer sagt mir, dass jeder Thüringer Verfassungsschützer ein lupenreiner Demokrat ist? Wäre es nicht denkbar, dass sich rechte Gesinnungsgenossen in einer solchen Institution hocharbeiten, um dort Chaos zu stiften? Es bleibt natürlich eine reine Vermutung, aber niemand macht mir weis, dass ein Hamburger oder Nürnberger oder Kölner LKA-Beamter nicht weiß, wie eine Mafia-Organisation funktioniert.

Man sorgt sich um die Demokratie in Afghanistan, aber kann seine eigenen türkischen, kurdischen, griechischen Mitbürger in diesem Land nicht schützen?

Fünf Minuten nach der Staatstrauer

Am 25. Februar 2012 wurde in Mücheln im Saalekreis bei Halle (Sachsen-Anhalt) ein Döner-Laden von Neonazis überfallen. Sechs Täter waren an dem Angriff auf den erst vier Monate zuvor eröffneten Imbiss beteiligt. Einer der Aggressoren drohte dem Ladenbesitzer: »Wenn du den Laden bis zum 20. April, dem Geburtstag des Führers, nicht zumachst, bist du die zwölfte Person, die in der Zeitung steht.«

Eine klare Anspielung auf die NSU-Morde und eine ernst zu nehmende Drohung, möchte man meinen. Dann verprügelten die Täter den Mann, um ihren Worten gleichsam noch ein wenig mehr Gewicht zu verleihen. Seine Partnerin versuchte, zu Hilfe zu eilen, und bekam einen Faustschlag ins Gesicht. Die Täter zerschlugen eine schwere Glasscheibe und fügten so ihren Opfern weitere Verletzungen zu.

Etliche Sympathisanten hatten sich inzwischen vor dem Laden versammelt und grölten rechte Parolen. Die Tochter des Ladeninhabers musste das alles mit ansehen. Mehrfach rief die Lebensgefährtin die Polizei per Notruf. Doch erst nach einer Stunde tauchte ein Einsatzwagen der Müchelner Polizei auf. Die Beamten zwangen das Opfer, das stark am Ohr blutete, zu einer Alkoholprobe. Der Angriff habe seine Existenz vernichtet, berichtete der Imbissbesitzer später, sein Umsatz sei um 80 Prozent eingebrochen, weil die Leute Angst hätten, bei ihm einzukaufen.

Der Fall zog weite Kreise. Der sachsen-anhaltische Innenminister Holger Stahlknecht eilte herbei, versprach den Opfern und dem türkischen Generalkonsul Tunca Özçuhadar ein hartes Durchgreifen gegen Rechtsextreme und rief zu einer stärkeren Verurteilung rechtsextremer Taten durch die Gesellschaft auf. Dies schien die Mücheln selbst aber wenig zu beeindrucken. Denn kurz darauf kam es erneut zum Eklat: Mehrere Jugendliche rotteten sich in der Nähe des Imbissladens zusammen und brüllten ausländerfeindliche Parolen. Sechs Jugendliche zwischen 14 und 18 Jahren wurden vorübergehend festgenommen.

So wie dieser wackere Fleischtaschen-Pionier in Mücheln muss sich manch deutscher Einwanderer gefühlt haben, nachdem er im 19. Jahrhundert über Bremerhaven nach Amerika ausgewandert war und im Wilden Westen auf Indianer traf, stelle ich mir vor. Es ist doch absurd: Ausgerechnet in den Provinzen der neuen Bundesländer, in denen naturgemäß die wenigsten meiner Landsleute siedeln, schlagen die Menschen um sich wie die Wilden.

Interessant ist auch, dass die Sheriffs und Deputys in Sachsen-Anhalt offenbar große interkulturelle Kompetenz besitzen: Von einem rassistischen oder gar rechtsradikalen Hintergrund war bei dem Einsatz überhaupt nicht die Rede gewesen, obwohl die terrorisierte Anruferin mehrfach darauf hingewiesen hatte. Offiziell wurden die Beamten zu einem Fall »öffentlichen Ärgernisses wegen Rauchverbots« geschickt, hieß es in den Medien. Der Lebensgefährtin sei bei ihren verzweifelten Notrufen ferner mitgeteilt worden, sie solle jemanden rufen, der Deutsch spreche, wenn sie etwas wolle. Erst als das große Tamtam in den Medien losging, schickte man kompetentere Bundessheriffs in die Steppe, sich der Sache politisch korrekt anzunehmen.

Das erinnert irgendwie an den Film ›Mississippi Burning‹, als in einem Südstaatenkaff in den USA der 60er-Jahre das FBI gerufen werden musste, um einige Fälle von rassistischen Morden aufzuklären – wozu die einheimische Polizei offensichtlich nicht in der Lage war. Wo leben wir denn hier? Und das *nach* den NSU-Morden? Müsste da nicht auch der letzte Dorfpolizist zumindest sensibilisiert sein? Ist die Polizei in den neuen Ländern überhaupt in der Lage, Migranten zu schützen? Da funktioniert doch etwas nicht, und das schon seit Langem. Das ist sicherlich nicht überall so, aber es gibt diese Fälle immer wieder.

Man regt sich gern über gewalttätige Jugendliche mit Migrationshintergrund auf, aber diese armen Wende-traumatisierten ostdeutschen Jugendlichen fasst man mit Samthandschuhen an? Nein. Der Staat zeigt keine Zähne. Diese Jugendlichen haben überhaupt keine Angst vor der Kavallerie.

Ich meine: Da gibt es einen weltweit übertragenen deutschen Staatstrauerakt mit zwölf Kerzen, vielen Tränen, Kanzlerinnenansprache und bundesweiter Schweigeminute, und fünf Minuten später wird die nächste Döner-Bude im Osten überfallen? Und man lässt das blutende Opfer ins Röhrchen pusten?

Das ist nicht mal mehr zum Weinen. Darüber kann man nur noch lachen.

Ein Zirkus in Moabit

Die Integrationsbeauftragte einer Moabiter Schule rief mich an und fragte mich, ob ich in ihrer Förderschule mit vielen Problemkids aller Couleur einmal lesen wolle. Na klar. Das war nicht weit, zehn Minuten mit dem Auto. Als ich ankam, dachte ich, ich bin im schwedischen Kindergarten. Alles blonde Jungs und Mädchen, erste oder zweite Klasse. Wo waren die Problemkids? Ich sah lediglich einige ältere Jugendliche mit Migrationshintergrund. Der Grund: Die Förderschule, deren Schüler durchaus durchmischt waren, befand sich im selben Gebäudekomplex wie eine ganz normale Grundschule. Und die Kinder der Grundschule waren zu beinahe hundert Prozent bio-deutsche Schüler.

Dazwischen standen auf dem Schulhof einige ältere. Kräftige arabische Jungs. Die Integrationsbeauftragte der Schule erklärte mir, dies gehe auf eine Initiative der Bio-Eltern zurück, die einen frühen Kontakt ihrer Kinder mit Migranten wünschten. Wie gehabt, dachte ich. Leider werde diese Grundschule in sechs Monaten wieder aufgelöst, warum, wisse sie auch nicht. Kurz vor der Lesung stellte mir die Dame noch den schuleigenen Imam vor, den ersten, den ich in Deutschland getroffen habe.

In der Klasse saßen dann die Schüler der Förderschule. Die Jugendlichen schienen sehr konzentriert. Ich dachte zunächst, das kann ja wieder heiter werden. Zu meiner Überraschung waren alle Schüler unglaublich diszipliniert. Ich hatte diese Jugendlichen unterschätzt.

Am Ende stellten die Kinder wirklich kluge Fragen, erstaunlich für Förderschüler, dachte ich noch – bis ich einen fatalen Fehler machte. Ich wagte es, als Macho-alevitischer Türke den überwiegend arabischen Jugendlichen zu sagen, sie sollen Mädchen und Frauen gleichberechtigt behandeln und nicht auf der Straße als Schlampen bezeichnen. Auf einmal flippte ein etwa 60-jähriger Lehrer, der in der Mitte der Veranstaltung wortlos hereingekommen war, vollkommen aus.

»Niemand muss Frauen schützen oder verteidigen, sie können sich selbst schützen und verteidigen«, brüllte der Mann.

Ich meine, es ging mit ernsthaft interessierten und aufgeschlossenen Schülern um Themen wie Homosexualität, Gleichberechtigung, Kopftuchzwang und dergleichen, und dieser Lehrer pöbelte in unmöglicher Manier dazwischen? Ich warf ihn kurzerhand raus.

Nach der Veranstaltung entschuldigte sich die Integrationsbeauftragte für das Verhalten des Lehrers. Er sei ein Wirrkopf, der ständig Schüler wegen ihrer Religion angreife und auch im Unterricht gegen den Islam zu Felde ziehe, aber na ja, Sie wissen ja, Herr Gülay, der Mann ist Beamter und so kurz vor der Pension und so weiter.

Als ich die Schule verließ, schüttelte ich den Kopf. Zwei-Meter-Araber zwischen sechsjährigen Blondschöpfchen, eine Integrationsbeauftragte, ein schuleigener Imam und ein Lehrer, der einen Kreuzzug veranstaltete? Wie soll man in diesem Chaos etwas lernen? Wie kann man in diesem Zirkus überhaupt aufwachsen?

Ali II: Jetzt aber endlich die Soap!

Irgendwann habe ich Ali wieder angerufen. Der junge Mann, mit dem wir unser Soap-Projekt machen wollten. Die Autoren Edgar Rai, Hans Rath und ich wollten das Thema endlich vorantreiben. Zur Erinnerung: Die Idee war, ein Sendeformat zu schaffen, in dem junge, gestrauchelte oder chancenlose Migranten mit medialer Begleitung die Chance auf einen Ausbildungsplatz erhalten. Im Gegenzug würde sie die Kamera auf ihrem Weg ein Stück begleiten. Die jungen Leute müssten natürlich eine gewisse Bereitschaft mitbringen, sagten wir, und ich würde als Moderator oder Mediator fungieren, eben wegen meiner so genannten street credibility.

Wir trafen uns in der Potsdamer Straße, Edgar, Hans, Ali, ein Kameramann und ich. Wir saßen zuerst in einem kleinen Coffeeshop, der einem befreundeten Türken gehört, und gingen später auf einen Bolzplatz in der Nähe, kickten ein bisschen und landeten schließlich bei Edgar, wo Ali uns ein libanesisches Gericht kochte. Die ganze Zeit haben wir ihn dabei für unser Soap-Projekt interviewt und das Ganze mit der Kamera aufgezeichnet, damit wir so seine Art Trailer erstellen konnten, den wir bei Sendern wie RTL oder Pro 7 einreichen konnten, die ein solches Format womöglich umsetzen würden.

Ich möchte hier einige Szenen aus dem zweistündigen Gespräch im Wortlaut wiedergeben, weil uns Alis Aussagen tatsächlich alle überrascht haben. Selbst mich. Es ist selten, dass man einen derartigen Einblick in das Leben eines arabischen Jungen in Deutschland bekommt. Es ist überhaupt schwer, wirklich nah an diese Jugendlichen heranzukommen. Oft lügen sie einem etwas vor, weil sie sich selbst etwas vormachen, oder sie erfinden Geschichten für ihre Sozialarbeiter, weil sie sich ihrer eigenen Geschichten schämen oder gern als Helden dastehen möchten.

Ich habe aber nicht den geringsten Zweifel an der absoluten Authentizität dessen, was Ali uns an diesem Tag und mir in den Wochen und Monaten zuvor und danach erzählte. Ich bin Ali dankbar für seine schonungslose Offenheit. Und ich möchte vorwegschicken, dass es sich lohnt, sich auf dieses längste aller meiner Interviews mit »fiesen Migranten« einzulassen. Ich gebe die Gespräche gekürzt, aber ungefähr in der Form wieder, in der wir sie für das Treatment transkribiert haben, weil diese Form nicht nur Alis Situation am besten schildert, sondern auch die Absurdität unserer eigenen Idee und die Vermessenheit unserer Attitüde.

Und vielleicht hat mich einfach keine andere Geschichte mehr bewegt als die von Ali.

MAZ ab.

Ein Café in Schöneberg, Potsdamer Straße. Ali sitzt Cem gegenüber und nestelt an seinem Kragen herum, die Kamera scheint ihn etwas nervös zu machen.

Cem: Sach ma, wo wohnste eigentlich in welchem Viertel?
Ali: In Moabit.
Cem: Moabit?
Ali: Joooh.
Cem: Wie is 'n Moabit so? Man redet viel von Neukölln, ist Moabit wie Neukölln?
Ali: Wie soll ich das sagen? Jeder Bezirk ist anders. Vor ungefähr drei oder vier Jahren war Moabit eigentlich einer der Scheißbezirke. Also für mich ist Moabit ein Brenn ... – ein sozialer Brennpunkt. Aber Moabit ist schon ruhiger geworden.

Cem: Warum?

Ali: Jeder kümmert sich jetzt um seine Zukunft. Entweder die sind Väter geworden, weil se nich verhüten konnten oder ...

Cem: Hä hä.

Ali: ... oder die sitzen eben im Knast.

Cem: Bist du eigentlich Libanese oder libanesischer Kurde?

Ali: Äh (räuspert sich). Also, was soll ich sagen? Ich hab drei Wurzeln. So nach meinem Vater, äh, nach meinem Vaters Vaters Vater, der also mein Uropa ist, der Iraner ... dann ist sein, äh, der Vater von meinem Vater nach Palästina geflogen.

Cem: Hmmm.

Ali: Hat dann dort gelebt, und von da aus isser nach Libanon gefahren wegen dem Krieg, und ich bin dann hier in Deutschland geboren. Also man kann sagen, ich hab vier Wurzeln: Ich bin Iraner, Libanese, Palästinenser und eigentlich Deutscher.

Cem: Okay. Und wie war's bei dir mit Gewalt in dieser Gegend? Bist du sehr gewalttätig gewesen?

Ali: Jaaaaa.

Cem: Oder hat man dir Gewalt angetan?

Ali: Also ja, mir wurde Gewalt angetan, und ich hab Gewalt selber eingesetzt.

Cem: Wer hat dir Gewalt angetan?

Ali: Äh, kommt drauf an. So, wir waren damals 'ne kleine Gruppe von verschiedenen Leuten, Türken, Araber, Kurden, so, weil wir alle nebeneinander wohnten, wir kannten uns von der Schule. Da gab's öfters Schlägereien in der Schule und außerhalb der Schule, also das war einfach in den Bezirken so.

Cem: Und mit den Deutschen? Habt ihr oft Schlägereien mit Deutschen gehabt, oder gab es bei euch auch Nazis?

Ali: Nazis? Kenn ich gar keine. Wir haben uns mehr untereinander die Köpfe eingeschlagen. Also gegen andere Bezirke zum Beispiel wie Schöneberg oder andere Straßen. Bei uns gibt's ja verschiedene Straßen. Einmal die Huttenstraße und einmal die Rostocker. Und ja, wir hatten einfach Probleme so. Wir hatten die erste Generation und die zweite Generation. Die zweite Generation waren wir Kleinen, und die Großen waren eben die Älteren. Wir haben alles immer von denen abgeguckt, und dann haben wir genau dasselbe gemacht.

Cem: Hattest du wegen deiner ganzen Schlägereien auch mit der Polizei zu tun?

Ali: Ich hatte sehr viel mit der Polizei.

Cem: Wie viele Anzeigen hast du so ungefähr gesammelt?

Ali: Ich hatte mindestens mehr als zwanzig.

Cem: Hast du jemanden schwer verletzt? Hast du Leute mit dem Messer oder mit einer anderen Waffe angegriffen?

Ali: Ich hatte immer ein Messer oder einen Schlagstock oder einen Schlagring dabei.

Edgar: Äh, wie, was? WAS hattest du dabei?

Ali: Einen Schlagring und einen Teleskopschläger …

Cem: Guck mich an!

Ali: Oder 'n Messer dabei, kam drauf an, so, was für 'ne Schlägerei das war.

Cem: Warst du im Gefängnis?

Ali: Ich hab 's probiert

Cem: Wie … probiert?

Ali: Ich war vor dem Gericht, und dann hat der Richter zu mir gesagt, so, du kannst dich entscheiden, entweder du machst, äh, ich sollte ein Antigra… Anti… Anti… Antigrationstraining machen.

Cem: Anti-Gewalttraining?

Ali: Ja. Anti-Gewalttraining. Das ging sechs Monate, dann sollte ich noch zur Therapie gehen, wegen meinem Verhalten und meinen Aggressionen, wie ich des innen Griff bekommen kann.

Cem: Hast du denn die Aggressionen in den Griff bekommen? Oder bist du lieber ins Gefängnis gegangen?

Ali: Also, das war so abgemacht, dass ich, äh, mindestens einen Monat reingehen sollte.

Cem: Freiwillig?

Ali: Ja, freiwillig, und wenn ich sage, ich hab genug, dann …

Cem: Und wie lange warste drin?

Ali: Zwei Tage hab ich ausgehalten, und dann bin ich rausgegangen und hab das Training gemacht.

Cem: Und bist du dann weniger gewalttätig gewesen, seitdem?

Ali: Seitdem ich das Anti-Gewalttraining gemacht habe und durch das Theater wurde es immer weniger. Die haben mich vonner Straße rausgeholt. Und bei mir war das auch so, vor einem Jahr, das war letzten Sommer, da war ich mit meinem Nachbar, der für mich wirklich wie ein Bruder ist, das is Momo, wir waren zusammen schwimmen. Wir sind zusammen zum Schwimmen gegangen, weil das war sein letzter Tag, bevor er nach Libanon fliegen sollte. Wir hatten voll Spaß, wir sind auf dem Rückweg alle im Bus, wir sind eine ganze Gruppe. Und dann kam so ein junger Türke rein, der hat sich hingesetzt. »Äh, könnt ihr mal leise sein?!« Ich meinte zu ihm: »Äh, wir sind nicht die Einzigsten im Bus, da gibt's auch noch andere Jugendliche. Da brauchst du uns nicht gleich anzugaffen. Wenn du ein Problem mit uns hast, ja, dann sag uns das. Du kannst den Bus verlassen oder dich auf die andere Seite setzen.«

Cem: Das habt ihr zu ihm gesagt.

Ali: Ja. Dann hat er angefangen: »Du Hurensohn« und »Ich fick deine Mutter« und dies und das. Und Momo ist so ein Typ, er soll anstatt nicht seine Mutter oder seine Familie beleidigen, er soll Momo selbst beleidigen, wenn er Arschloch oder Hund, oder was weiß ich, was, sagt, dann ist das für Momo okay. Und bei mir, ich hab's auch gelernt so, ich weiß, dass meine Mutter keine Hure ist, ich weiß, wo meine Mutter tagsüber ist. Ich brauch mich nicht mehr aufregen.

Cem: Aber der Momo hat sich aufgeregt ...

Ali: Momo hat zurückgekontert, und ich hab das Ganze nur angesehen, einfach so. Ich dachte: Siehst du, wäre ich jetzt da, dann hätte ich schon längst irgendetwas gezogen und ihn gegen den Kopf geschlagen. Dann steht der Junge auf, er will zuschlagen. Ich bin dazwischengegangen, ich meinte:»Ey, guck mal, hier sind kleine Kinder mit uns. Wenn du ein Problem hast, nimm meine Nummer, wir klären das morgen. Wir treffen uns und können reden. Setz dich hin, und dann hat sich das.« Dann kam's trotzdem dazu, dass sie sich geschlagen haben. Ich versuch noch die ganze Zeit, Momo zurückzuhalten, aber Momo hat schon geblutet. Warum blutet Momo? Da hab ich das Messer von dem Jungen gesehen. Ein Riesenmesser. Ich hab noch nie gesehen, dass mein Freund von irgendwem abgestochen wurde. Ich dachte: Okay, er hat einen Stich kassiert. Dann, äh, vor Wut, kamen die wieder hoch, diese alte Vergangenheit in mir hoch und so ...

Cem: Ja ...

Ali: Es reicht!

Cem: Ja ...

Ali: Dann hab ich auch schwarzgesehen und bin dem Jungen hinterhergerannt.

Cem: Hinterhergerannt?

Ali: Der Bus hat angehalten, und der Junge ist raus. Ich hab Momo gesagt, wenn ich den Jungen jetzt in die Finger kriege, dann brech ich ihm sein Genick. Mir ist das egal, ob ich dafür in den Knast komme oder mein Leben ruiniere, so! Momo ist mein bester Freund, mein Bruder. Momo hat sechs Stiche bekommen, in den Beinen. So! Er wäre beinahe gestorben, hätte der Junge richtig getroffen, äh, der Junge hat nich richtig irgendetwas getroffen ...

Edgar: Die Arterie ...

Ali: Ja, das war genau ein Zentimeter unter der Arterie. Hätte der die getroffen, wäre Momo verblutet. Und seitdem dann hab ich gesagt: Nie wieder trage ich irgendeine Waffe mit mir, nie wieder werde ich irgendjemanden schlagen, außer es kommt drauf an, wo ich mich wehren muss. Und wenn ich dazu komme, dass ich Gewalt anwende, dann hoff ich, dass eine Person neben mir ist, die mich zurückhält.

Edgar: Aber was hast du mit dem Jungen dann gemacht?

Ali: Ich hab ihn nicht mehr erwischt. Dann sind wir zur Polizei. Also der Bus hat genau gegenüber der Polizeistation gehalten. So: Hier war die Bushaltestelle und gleich gegenüber die Polizei, also wäre die Polizei rübergerannt, dann hätten die noch den Jungen bekommen. Aber die, so wie ich das kenne, die Polizisten lassen sich immer Zeit. Die sagen: »Jaja, wir sind in zwei, drei Minuten da.« Die Polizeiwache war gleich gegenüber, die hätten nicht mal eine Minute gebraucht. So nach fünfzehn Minuten kamen die erst an. Der Krankenwagen war schon längst da, die haben Momo mitgenommen, und ich musste dann Bilder angucken, ob ich den Jungen wiedererkenne. Nach ungefähr einer Stunde hab ich den Jungen wiedererkannt, der meinen Freund abgestochen hat. Dann kam's vor Gericht. Das fand ich eigentlich viel zu wenig. Er hat zwei Jahre bekommen, und der Momo bekommt Entschädigung in Höhe von eintausendfünfhundert Euro. Momo hat gesagt: »Das Geld ist mir egal. Er hat mir sechs Stiche gegeben, ich kann nicht mehr richtig laufen, ich kann nicht mehr rennen. Er hat mein Leben zerstört, und er bekommt nur zwei Jahre?« Das find ich eigentlich voll scheiße. Hätte der Junge sechs Jahre bekommen für das, was er getan hat, dann würde Momo sagen: »Okay, ich hab's verstanden.« Sechs Jahre für sechs Stiche, okay.

Edgar: Ja. Aber guck ma…

Cem: Du hast eigentlich Glück gehabt, dass der dir entwischt ist, ne?

Ali: Neee.

Edgar: Sonst hättste den …
Ali: Sonst wäre ich auch im Knast.
Cem: Er hat ein Messer gehabt, er hätte wieder zugesto-
chen. Ein Messer kannst du nicht bekämpfen.
Edgar: Na ja, aber ich meine, hätte er sich, äh…
Cem: Ja, hätte er, wäre er … Mensch, Edgar, wenn du ein
Riesenmesser hast, kann dir der andere gar nichts!
Heftige Diskussionen im OFF.
Ali: Aber das Ding, so, was ich nicht verstehe …
Cem: Was?
Ali: Als ich damals mit 'n Messer erwischt wurde, wegen
Waffenbesitz, ich hatte auch so ein großes Teil dabei, ich
schwöre dir, ich hatte Glück, dass ich noch minderjährig war.
Der Richter meinte zu mir:»Wärst du achtzehn Jahre alt,
hättest du für diese Messer alleine fünf bis zehn Jahre bekom-
men.« So, und sein Messer war tausendmal größer als dieses.
Cem: Ach, dafür kriegst du nich fünf bis zehn Jahre …
Ali: Aber so meinten die zu mir.
Cem: Guck ma, du hast auch viele Menschen verletzt.
Ali: Ja, sag ich ja.
Cem: Der Typ is auch 'n Arschloch, er hat Leute verletzt.
Wenn man Gewalt anwendet, kommt Gewalt zurück. Wo du
natürlich wissen musst, wenn ein Einzelner sich gegen vier,
fünf Leute traut, dann muss er ja bewaffnet sein. Das war 'n
Fehler von euch, ja?
Ali: Daran haben wir nicht gedacht. Momo hatte auch
sein Messer dabei, und ich hatte meinen Totschläger dabei,
aber wir haben gesagt, wir wollen die Waffen nicht benut-
zen.
Cem: Du hättest aus dem Bus aussteigen sollen.
Ali: Naja, ich konnte Momo ja nicht alleine lassen.
Cem: Nein, mit ihm zusammen.»Komm, Momo, lass uns
gehen, lass den Wichser.«
Ali: Ja, wie, wir waren zwanzig Leute im Bus, Cem. Zwanzig Leute!

Cem: Dann muss der psychisch krank gewesen sein.

Ali: Nee, der Junge war bekifft und alkoholisiert.

Cem: Ja, oder so.

Edgar: Ist doch das Gleiche.

Ali: Ja, er hatte beides aber in sich. Alkohol und Drogen.

Cem: Edgar, in einer Welt, die so mit Gewalt zu tun hat, in diesen Vierteln werden die Jugendlichen automatisch …

Edgar: Ich versuch's halt nur zu verstehn.

Cem: Kann man nich verstehen.

Edgar: Doch, das kann man schon verstehn, aber …

Cem: Aber nich nachvollziehn, wenn man nicht da wohnt …

Edgar: Ich wollt grad sagen, gehen wir mal rüber auf den Bolzplatz, wegen der Bilder?

Die nächste Szene spielt auf einem kleinen Bolzplatz im Friedrichshainer Stadtpark, weil Edgar in der Nähe wohnt und es ein wirklich schöner Park ist. Ali ist sehr erstaunt. Er war noch nie in diesem Park, und er wundert sich: Ist das aber schön und ruhig hier. Edgar und Hans bauen die Kamera auf. Ali und Cem kicken einen Ball hin und her.

Cem: Gut, Ali. Was hast du denn für einen Schulabschluss?

Ali: Ich hab 'n Hauptschulabschluss oder einen erweiterten Hauptschulabschluss. Das weiß ich nicht mehr.

Cem: Gut oder nicht so gut?

Ali: Nee, ich hab 'n guten. Einen sehr guten.

Cem: Okay. Hast du es mit einer Ausbildung versucht?

Ali: Nee, ich hatte 'ne Maßnahme bei Zukunft plus e. V.

Cem: Wie heißt das?

Ali: Zukunft plus e. V. Das ist was von der Deutschen Bahn. Da hab ich ungefähr ein Jahr Praktikum gemacht mit der Hoffnung, dass ich 'ne Ausbildung bei denen bekomme, als Fachmann im Gastronomiebereich. Aber dann gab's Probleme mit meiner Bildungsbegleiterin, wir haben uns gar nicht mehr verstanden aufgrund, äh, also, ich sag aufgrund meiner Haare und meinem Aussehen.

Cem: Du hast jetzt 'n Bahnpraktikum gemacht. Wurde das bezahlt?

Ali: Ja, es wurde bezahlt, im Monat zweihundertsechzehn Euro.

Cem: Und wie viel davon musstest du zu Hause abgeben?

Ali: Hundert, weil die dann von meinem Vater abgezogen werden.

Cem: Das heißt, dein Vater ist zu Hause der Patriarch und bestimmt dein Leben?

Ali: Äh ...

Cem: Du bist ja volljährig. Nach deutschem Gesetz bedeutet das, du könntest machen, was du willst.

Ali: Ja, genau.

Cem: Aber das ist bei euch nicht so?

Ali: Nee, bei uns ist das nicht so. Bei uns darf man erst ausziehen, wenn man einundzwanzig ist. Also allgemein, wenn man heiratet, darf man erst ausziehen.

Cem: Also ich kenne das nur von türkischen oder arabischen Frauen. Ist das bei Männern auch so?

Ali: Bei uns Männern is des nich anders, solange man nicht verheiratet ist, muss man zu Hause wohnen.

Cem: Und das heißt: Du musst immer Geld abgeben? Was machst du denn gerade – machst du 'n Nebenjob, Schwarzarbeit oder so?

Ali: Ich arbeite schwarz bei einer Umzugsfirma.

Cem: Was verdienste da am Tag?

Ali: Kommt drauf an, wie viele Stunden ich arbeite, aber man kommt schon manchmal auf so dreißig bis vierzig Euro.

Cem: Und wie viel davon gibste ab zu Hause?

Ali: Immer eigentlich mehr als die Hälfte, weil mein Vater schwer krank ist, muss ich meim Vater helfen.

Cem: Das heißt, dein Vater kriegt Hartz IV?

Ali: Mein Vater ist Hartz-IV-Empfänger. Er hatte damals ein Restaurant geführt, das lief auch sehr gut ... aber er hat das dann geschlossen, weil er schwer krank wurde.

Cem: Wie viele Geschwister hast du?

Ali: Ich hab zwei ältere und 'n kleinen.

Cem: Und die müssen alle zu Hause Geld abgeben?

Ali: Nee, mein kleiner Bruder macht noch Schule, meine Schwester heiratet nächstes Jahr.

Cem: Wie alt ist deine Schwester?

Ali: Einundzwanzig.

Cem: Freiwillige Hochzeit?

Ali: Ja. Sie ...

Cem: Also nich Cousin Cousine?

Ali: Nee, die haben sich im Internet kennengelernt, also im Chat.

Cem (lacht): Das ist ja mal was Interessantes.

Ali (grinst): Jo, und meine Schwester ist ja auch öfters nach Libanon geflogen.

Cem: Ach, der ist Libanese, und sie will ihn jetzt hierherbringen?

Ali: Nee, sie will für immer nach Libanon fliegen.

Cem: Mal andersrum ...

Ali: Ja. Mein ältester Bruder arbeitet, äh, zur Zeit gar nicht.

Cem: Hmm.

Ali: Weil er sehr mit der Religion ...

Cem: Dein Bruder ist ein Religiöser geworden?

Ali: Ja. Seitdem er klein ist, befasst er sich mehr mit der Religion, anstatt, äh ...

Cem: Das heißt, der eine ist religiös, du warst kriminell, der andere macht 'ne Lehre, das Mädchen heiratet?

Ali: Jeder macht sein Ding, so.

Cem: Gibt es eigentlich eine richtige Erziehung in eurer Familie, in dem Sinn, dass ...

Ali: ... nee, eigentlich nich so, wobei, also mein Vater

ist nicht so ein Mensch, der uns, äh, einsperrt, er gibt uns unsere Freiheiten. Also wenn man rausgeht, wenn man das und das machen will, aber bei manchen Sachen ist er eben streng. Zum Beispiel, wenn's um meine Zukunft geht. Er will nicht, dass ich zu Hause rumsitze, er sagt zu mir: »Geh mal arbeiten.« Also man wird schon unter Druck gesetzt, wenn man nur zu Hause lebt.

Cem: Okay. Und jetzt sag ich: »Hurensohn.«

Ali (erschrickt, hält den Ball an): Oh!

Cem: Was würdest du jetzt machen?

Ali (steht noch immer steif da): Ja, da würd ich zuschlagen ...

Cem: Aha!

Ali: Äh. Dann würd ich richtig zuschlagen!

Cem: Das ist nur ein Spiel. Ein Test. Wenn jemand so etwas zu dir sagt, warum gehst du nicht einfach weg?

Ali: Ich muss doch mit ihm reden ...

Cem: Warum musst du mit ihm reden? Warum kannst du nicht einfach gehen?

Ali: Weil ich dann nicht zufrieden bin mit mir ...

Cem: Warum willst du mit einem Arschloch oder Rassisten ein Gespräch führen? Was hast du davon?

Ali: Jaaaa, na klar, aber es bringt immer etwas, wenn man ...

Cem: Sagen wir mal, du kriegst jetzt 'n Ausbildungsplatz. Sagen wir, ich helf dir, ich unterstütz dich dabei und finde für dich 'n Ausbildungsplatz, sagen wir mal als – Was magst du gerne?

Ali: Koch oder ...

Cem: Koch, okay. Jetzt bist du da in einer Küche, und irgendeiner hat schlechte Erfahrungen gemacht und sagt auf einmal: »Islam ist scheiße!« Wie reagierst du da?

Ali: Ich würde sagen, das ist seine Meinung. Damals, wäre ich wie damals, dann hätte ich gesagt: »Deine Religion ist nicht viel besser, deine Religion ist auch Dreck.« Aber heute habe ich gelernt von Freunden oder vom Theater, dass man einfach seine Meinung frei äußern kann, äh, wenn er jetzt sagt: »Ey, deine Religion gefällt mir nicht«, ja, bitte schön. Ich kenne meine Religion. Es ist allgemein »Haram«, einem Menschen weh zu tun. Bei uns urteilt nicht der Mensch selber, sondern Gott, am Ende, wenn der Tag des Jüngsten Gerichts da ist. Das weiß man nie, wann das passiert. Bei uns in der Religion steht: Wende nie Gewalt an, wenn du mit deinem Mund reden kannst.

Cem: Hm.

Ali: So ist das bei uns. Ja, und das ist auch die letzte Chance. Ich will ja auch was aus meinem Leben machen. Ich will nicht wie meine Freunde hinter Gittern sitzen und andauernd irgendwie durch Drogen mein Leben finanzieren. Ich will gerne was Anständiges haben.

Cem: Aber du weißt, du musst auch was dafür tun. Das heißt, du musst Disziplin, also deutsche Tugenden, wie man so sagt, üben, auch jeden Tag …

Ali: Pünktlich da sein …

Cem: Welchen Berufswunsch hättest du noch?

Ali: Ich würde Sicherheitsdienst machen wollen oder Autolackierer und Ausbeuler, aber am liebsten würde ich Koch machen.

Cem: Wieso Sicherheitsdienst?

Ali: Weil's viele Freunde von mir machen und die meinten, das ist gut, man verdient gut.

Cem: Was verdient man denn da als Sicherheitsmann?

Ali: Also ein Freund meinte zu mir, er verdient so ungefähr Eins zwei bis Eins vier.

Cem: Aber du bist als Sicherheitsmann wieder da, wo du eigentlich rauswillst, in der Gewaltszene. Letztendlich muss man als Sicherheitsmann Gewalt anwenden, wenn es hart auf hart kommt.

Ali: Ja … Aber die stehen meistens draußen vor der Tür oder drinnen bei Penny oder Rossmann und passen auf.

Viele Freunde meinten, es ist voll der gechillte Job, man steht die ganze Zeit oder sitzt einfach und guckt in die Kamera, und wenn was passiert, dann musst du, äh ...

Cem: Du willst also 'ne ruhige Kugel schieben?

Ali: Ja, genau ...

Cem: Und welche Aufstiegschancen hast du da?

Ali (schießt wieder den Ball zu Cem): Keine. Man bleibt Sicherheitsdienst.

Cem: Ali! Wa – lass ma Tacheles reden. Von Mann zu Mann. Guck mich ma an dabei ganz kurz – aber kick ruhig weiter, kein Problem. Warum sollten wir dir überhaupt glauben? Warum sollen wir unsere Zeit, unsere Energie in dich investieren, wenn du schon vorher in so vielen Situationen versagt hast?

Ali: Äh, das Ding ist, ich hab viel im Leben falsch gemacht, kein Mensch ist perfekt. Aber keine Person hat sich zum Beispiel jetzt wie du und Edgar für mich eingesetzt, damit ich die Ausbildung mache. Auch Ahmed vom Theater, der hat mir gesagt, dass ich mit den Schlägereien aufhören soll, und da hab ich aufgehört, noch nich so ganz, aber ...

Cem: – 'tschuldige, dass ich dich unterbreche, aber du weißt, dass Gewalt überhaupt nicht mal ansatzweise toleriert werden kann? Ich will dir jetzt mal 'ne konkrete Frage stellen: Kannst du damit umgehen, dass du da in der Lehre drei Jahre im Grunde genommen ein Sklave bist?

Ali: Naja, umgehen damit werd ich schon, also ich will.

Cem: Du weißt, was ich meine? Ein Sklave sein bedeutet, die werden dich rumkommandieren, rumschubsen, die werden dich provozieren, die werden auch vielleicht deine Herkunft, deine Religion angreifen. Vielleicht nur, um dich zu testen.

Ali: Also, ich werde schon versuchen ...

Cem: Was? Versuchen? Das reicht mir nicht. Ich bin jetzt dein Chef: Ali, mal 'n bisschen schneller hier, was is 'n das

hier? Mann! Wir sind doch nich hier in Kamelistan, ja?!
Mach ma 'n bisschen schneller!

Ali: Ja, dann würd ich sagen, mach ich ja. Und wenn es nicht schneller geht, dann geht es eben nicht schneller, also ich würd dann sagen: Ja, ich mach schon schnell genug ...

Cem: Nee, sag gar nichts, mach einfach!

Ali: Ja, gut, dann würd ich das machen.

Cem: Mach einfach! Hör auf, hier rumzujammern ... ne? ... Wir leben hier in Deutschland, Mann! Hier geht es nach Disziplin, nach Ordnung! ... Haste mich verstanden?

Ali: Ja!

Cem: Okay. Weiter so!

Edgar (aus dem Off): Ali, was macht das mit dir?

Ali: Nix, es ist schon, was soll ich sagen ... Es ist ungewohnt, wenn man jemand sagt: Mach mal das, mach mal schneller, mach mal dies, aber wenn ich Koch werden will, dann muss ich damit ...

Cem: Es ist überall so im Leben, Ali ...

Ali: Ja, es ist eben so!

Cem: Aber weißte, was? Am Ende des Monats kriegst du deinen Gehaltsscheck, und ich will, dass du besser wirst. Es gibt Motivation, ja? Es gibt Menschen, die meinen es nicht böse, du wirst schon merken, wer es böse meint und wer nicht, ne? Aber du musst die Menschen verstehen. Er ist dein Vorgesetzter, seine Frau hat ihn gerade betrogen, er kommt gerade zur Arbeit, er hat schlechte Laune. Verstehst du, was ich meine?

Ali: Ja!

Cem: Du musst nicht alles persönlich nehmen.

Ali: Ich nehm des ja nicht persönlich, aber ...

Cem: ... wenn ich dich anbrülle ...

Ali: Ja!

Cem: Du musst auch ganz gewiss auf einige Sachen verzichten, die, äh, mit der Familienehre zu tun haben, damit du deine Sache nicht gefährdest. Wenn du vor Gericht kommst, wird der Chef dich rausschmeißen. Dann hast du zwei Jahre umsonst gearbeitet.

Ali: Nee, das Ding ist, ich hab schon gelernt – wenn mich jetzt jemand anruft und sagt: »Ali, ich hab Probleme mit der und dieser Person. Lass ma was dagegen machen«, dann sag ich »Ja, okay, wir können was machen«. Aber ich werde nicht zuschlagen, nicht zustechen und nix dergleichen machen, sondern – und ich werd dem nich weh tun –, sondern ich weiß jetzt, dass ich 'n Mund habe, mit dem ich reden kann, und man kann mit seinem Mund Probleme auch lösen. Ich ruf die Polizei und sag: »Eins, zwei, drei«, so. Das und das ist passiert, ich komm nicht mehr weiter, können Sie mir helfen? So. Ich hab schon Sachen aus meinem Leben gelernt. Oder ich ruf jemand, eine Person an, die sich mit dieser Sache auskennt. »Ey, komm ma bitte her, es gibt krasse Probleme, ich komm grad nicht mehr klar, komm bitte. Halt mich zurück oder bring mich mal runter. Oder red du mit dieser Person, vielleicht versteht er dich.« So würde ich das machen.

Edgar: Perfekt!

Cem: Cool!

Ali: So, so hab ich das von Ahmed und Cigir beigebracht bekommen.

Cem: Sehr gut! Sehr gut.

Edgar: Also pass auf! Ich fass noch mal zusammen: Du hast deinen Hauptschulabschluss geschafft, gerade so. Danach haste die Schule geschmissen, dann gab's irgendwie 'ne Fortbildung, bei der Bahn, die aus Gründen, wie auch immer, nicht zu Ende geführt wurde, du hast 'ne fette Akte wahrscheinlich, wegen Körperverletzung, schwerer Körperverletzung, gefährlicher Körperverletzung, ... und, ähm, du lebst von der Hand in den Mund und bist in einer Situation, die dich nicht glücklich macht. Also wenn ich jetzt der Koch wäre und hätte deine Bewerbung vorliegen, dann würd ich sagen: Knifflig! Auf der anderen Seite sehen wir hier jemanden, der, ja, der sich 'ne Perspektive geben will. Der irgendwie das, was er jetzt hat, nicht mehr länger will, und der was für sich aufbauen will. Aber das bedeutet auch, wir müssen mal langsam anfangen. Dann bleibt man am Ball, dann machen wir zwanzig Bewerbungen fertig, und du telefonierst hinterher, wenn du keine Antwort kriegst. Und dann gucken wir. Wir können dir helfen, aber wir sind nicht …

Cem: Ich mag dieses Wort nicht, helfen. Unterstützen …

Edgar: Ja, wie auch immer, also wir können versuchen, dich zu unterstützen, wahrscheinlich können wir, wissen wir noch nicht mal, ob wir dich unterstützen können.

Cem: Mehr hat er ja auch gar nicht verlangt.

Edgar: Eben.

Der Take wird unterbrochen. Alle gehen hinüber zu Edgar, und Ali kocht in Edgars Küche ein libanesisches Gericht. Alle finden, für jemanden, der Koch werden will, ist das eine gute Visitenkarte. Alle sitzen in Edgars Küche, essen und bemerken, dass es gut schmeckt. Edgar, Cem und der Kameramann machen Ali einige Komplimente und führen das Gespräch fort.

Edgar: Sag mal, Ali, du hast vor zwei Jahren das letzte Mal Probleme gehabt mit Gewalt, wann hat – du bist jetzt wie alt?

Ali: Neunzehn.

Edgar: Du hast mit siebzehn das letzte Mal Probleme gehabt mit Gewalt? Wann hat denn das angefangen?

Ali: Äh, relativ früh, sehr früh.

Edgar: In Zahlen? Wie alt warst du, als du das erste Mal in eine Schlägerei verwickelt wurdest?

Ali: Das erste Mal war ich in eine Schlägerei verwickelt, da war ich zehn. Zehn Jahre alt.

Edgar: Hast du damals auch schon 'n Schlagring dabeigehabt oder ein Messer oder irgendwas?

Ali: Nein, aber einen Totschläger hatt ich schon.

Edgar: Mit zehn?

Cem: Hast du selber schomma so 'n Ding auf 'n Kopf bekommen?

Ali: Ja. Jeder. Ich hab verteilt und hab bekommen. Ich hab einfach diese Aggressionen, und ich wusste nicht, wie ich damit klarkommen kann. Ich hab irgendwas gesucht, damit ich einfach schlagen kann, damit ich diese Wut und diese Aggression aus dem Körper bekomme, dann kann ich wenigstens ruhig schlafen. Wenn ich meine Aggressionen nicht rausbekommen habe, dann hab ich zu Hause gezittert vor Wut oder vor Aggression, ich musste irgendetwas zusammenschlagen oder kaputt machen.

Edgar: Weißt du, wo das herkam?

Ali: Ich weiß nicht, also …

Cem: Hat dein Vater dich geschlagen?

Ali: Nee, mein Vater? Also wenn ich richtig krasse Scheiße …

Cem: Nein, ich mein jetzt – hat er dich oft geschlagen?

Ali: Nee.

Cem: Oder haben dich deine Brüder geschlagen?

Ali: Nee, das kam von Freunden.

Cem: Also die Gewalt kam von draußen?

Ali: … kam einfach von draußen …

Cem: Okay …

Ali: Ich hab's von älteren Leuten gesehen, die … also ich, ich war zehn Jahre alt, und meine Freunde waren schon einundzwanzig oder zweiundzwanzig. Ich erzähl dir mal 'ne Geschichte, bis heute weiß es niemand. Ich war damals immer mit 'nem Freund, und ich war immer mit diesen älteren Leuten zusammen. Also, der eine ist immer noch mein Freund, aber der ist selber aus dieser Gewaltszene rausgekommen, er hat sich jetzt 'ne Familie aufgebaut …

Cem: Wie viel ist der älter als du?

Ali: Na ja, er ist jetzt, glaub ich, fünfunddreißig. Ja. Ich war dann auf dem Spielplatz. Wir haben uns immer am Kindergarten getroffen, und manchmal waren auch Leute da, die wir nicht gemocht haben. Da war so 'ne ganz dicke Frau oder Mädchen, sie war richtig aggressiv. Sie hat mich gesehen, dann hat sie mich missbraucht, so, sie hat mich misshandelt, sie hat mich geschlagen und, äh, dann hat sie gesagt:»Knie dich mal nieder!« Dann hab ich das gemacht. So vor Angst. Sie ist ganz groß, so 'n Koloss, und sie braucht sich nur auf mich zu setzen, und ich wär erstickt. Da haben … dann haben die angefangen, auf mich zu pissen und mich mit Scheiße zu bewerfen, so, das Mädchen und alle Jungs, die haben Scheiß …

Ali ist jetzt den Tränen nahe. Er setzt sich gerade hin und atmet tief durch.

Cem: Welche Jungs? Was waren das für Jungs?

Ali: Das waren Deutsche, Türken, Kurden.

Cem, leiser jetzt: Du warst 'n richtiges Opfer als Kind …

Ali: Ja, äh, ich war so Opfer, aber als dann der, der, äh, die andere Clique von uns kam, weil manche von denen kannten auch meine Onkels und meine Cousins, dann sind die gekommen und seit dem Mal hatte ich einfach diese Aggression. Ich wollte nicht … ich wollte kein Opfer mehr sein, mit dem man rumspielen kann, und dann hab ich angefangen, einfach zurückzuschlagen.

Cem: Wo du größer geworden bist?

Ali: Äh, also nee, gleich. Als ich dann gesehen habe, okay, sie ist nur ein Mensch, ich kann ihr auch wehtun … Die erste, die erste Schlägerei, die ich hatte, war gegen dieses Mädchen. Ich hab 'ne Flasche genommen und die gegen ihren Kopf geschlagen. So. Und dann hab ich gesagt, wenn das so leicht ist, dann mach ich das immer, wenn mir, wenn ich das Gefühl habe, ich bin in Gefahr. Seitdem ich so bin, hab ich das immer gemacht. Dann hab ich angefangen, Waffen zu besorgen und jeden Mensch, der mir scheiße rüberkam, da hab ich zugeschlagen, dann irgendwann …

bis irgendwie Ahmed kam und mich vonner Straße rausgeholt hat.

Ali atmet wieder tief ein. Niemand sagt etwas. Der Kameramann schaltet die Kamera ab.

An diesem Punkt hatte es mir ziemlich die Sprache verschlagen. Wir brachen das Interview ab und verabschiedeten uns von Ali. Eine Weile saßen wir noch ziemlich betroffen in Edgars Küche.

Schon in den nächsten Tagen engagierte sich Edgar ganz enorm, Ali trotz seiner Vorstrafen einen Ausbildungsplatz als Koch zu besorgen. Er telefonierte, klapperte ein Restaurant nach dem anderen ab und fand schließlich einen Restaurantbesitzer und Großgastronomen im Bezirk Prenzlauer Berg, der sich bereit erklärte, es mit Ali zu versuchen. Der Mann fand unsere Initiative gut. Er gab Ali einen Termin zum Vorstellungsgespräch. Diesen Termin sagte Ali ab. Zu einem zweiten Termin erschien Ali erst gar nicht, er entschuldigte sich auch nicht mehr.

Ich rief ihn an.
»Ja, wieso? Ich hab doch da angerufen und abgesagt bei der Frau. Ich musste mit meiner Mutter ins Krankenhaus, so, sie sprechen ja nicht gut Deutsch, und ich musste übersetzen«, sagte Ali.
Edgar rief bei dem Restaurantbesitzer an und überprüfte das. Er stellte fest: »Der hat nirgendwo angerufen. Das Ding ist durch. Die Sache ist gestorben. Vergiss es, Cem.«

Edgar war sauer. Ich habe ihn selten so beleidigt gesehen. Dabei hatte ich ihm von vornherein gesagt: Gib dem Restaurantbesitzer oder irgendeinem potenziellen Produzenten keine Garantie. Die Sache muss kein Happy End haben. Aber mit Edgar war diesbezüglich nicht mehr zu reden.

Ich habe Ali wiederum mit dieser Geschichte konfrontiert. Er schwor auf alles, was ihm heilig war, dass er angerufen habe, um sich zu entschuldigen und die Sache mit dem Krankenhaus zu erklären. Er gab mir die Nummer, die er angerufen hatte. Ich wählte sie und hatte plötzlich das Jobcenter am anderen Ende. Ali hatte dort tatsächlich angerufen. Nur in seiner Hektik hatte er die Nummern verwechselt. Wahrscheinlich jedenfalls. Aber Edgar war das jetzt egal. Ich rief Ali wieder an und sagte ihm:»Junge, du musst diesen Job nicht nehmen, aber ich habe mein Wort gehalten. Und du schuldest mir nichts, weil du mir nichts versprochen hast.«

Nach zwei Monaten rief mich Ali wieder an. Er hatte eine neue Nummer.

»Sam, ich hab einen Ausbildungsplatz bei einer Sicherheitsfirma. Und ich werde heiraten. Das Vorstellungsgespräch war prima. In sechs Monaten fängt der Job an. So lange arbeite ich bei Burger King.«

Er wollte mich zu sich nach Hause zum Essen einladen, sein Vater wolle mich gern kennenlernen. Ich verschob die Einladung auf ein vages Andermal.

Einige Zeit später war ich in Mariendorf mit dem Auto auf dem Tempelhofer Damm unterwegs und hatte Hunger. Ich fuhr in einen Drive-in von Burger King. Im Wagen vor mir saß ein junges Migrantenpärchen. Sie bestellten etwas, und ich sah plötzlich Alis Gesicht aus dem Schalter herauslugen. Ich wusste nicht, dass er bei diesem Drive-In arbeitete. Ich wusste überhaupt nicht, ob er tatsächlich arbeitete. Es war schon dunkel, und Ali konnte mich nicht sehen.

»Tut mir leid, Eis haben wir nicht. Echt nich«, sagte er sehr freundlich.

Der Typ im Auto brüllte plötzlich. Er bekam einen Tobsuchtsanfall und machte offenbar den Dicken vor seiner Freundin. Lautstark beschwerte er sich, er provozierte und erniedrigte Ali.

Ali blieb völlig cool.

Ich musste lachen.

Der Typ im Auto vor mir konnte ja nicht die geringste Ahnung davon haben, mit wem er es da zu tun hatte. Er ließ noch einige dumme Sprüche ab, aber Ali blieb weiterhin höflich. Als der Typ merkte, dass Ali sich einfach nicht provozieren ließ, zahlte er und fuhr los.

Neulich war ich wieder dort, traf Ali aber nicht an. Ich stieg aus, ging rein und sprach mit dem deutschen Manager.

»Ali? Es arbeiten hier vier Alis ...«

Ich nannte seinen Nachnamen.

»Der arbeitet noch hier. Er macht sich sehr gut. Ein wirklich netter Kerl«, sagte der Manager.

Ich war stolz auf Ali.

ENDE

Danksagung

Anders als in ›Türken-Sam‹ bin ich in dieser Geschichte nicht der Hauptakteur. Dieses Buch haben andere auf den Weg gebracht. Menschen, die hinter den Kulissen wirken und die darin zu Wort kommen. Menschen wie Renate und Adolf Hampel in Hungen, die sich – beide längst im hohen Rentenalter – ein halbes Leben für die interkulturelle Verständigung engagiert haben. Ich danke ihnen und allen, die sich für eine bessere Gesellschaft einsetzen.

Cem Gülay